Cómo hablar en público

A. PASCUAL RODRÍGUEZ

Cómo hablar en público

Técnicas y habilidades para

impactar a tu audiencia

© A. Pascual Rodríguez Grau
Primera edición: 2017
ISBN: 978-84-946797-3-5
URL: https://goo.gl/0R0IZM
Depósito legal: MU 390-2017
Impreso en España
Todos los derechos reservados

Coautora: Mª Teresa Piqueras Devesa
Diseño de cubierta: José A. Ayala Sánchez
Maquetación: Mª del Mar Pérez García
Imágenes (portada e interiores): Freepik
Edita: PROYECTO EDUCA
www.proyectoeduca.net
Más info: editorialproyectoeduca@gmail.com

No se permite la reproducción total o parcial de este libro, ni su incorporación a un sistema informático, mecánico, por fotocopia, por grabación u otros métodos, sin el permiso previo y por escrito del editor. La infracción de los derechos mencionados puede ser constitutiva de delito contra la propiedad intelectual (art. 270 y siguientes del Código Penal).

Quiero dar las gracias a las personas que han compartido mi entusiasmo por este proyecto, especialmente a mi mujer, Teresa, que ha colaborado intensamente en la elaboración de este libro, y a mis hijos, Pascual y Lucía.

También quiero agradecer particularmente el apoyo de mis padres, quienes me transmitieron la importancia de la disciplina, el esfuerzo y la determinación.

ÍNDICE

1	**Introducción**	9
	La historia de Demóstenes, el gran orador griego	15
2	**El pánico escénico**	21
	No eres el único	23
	Los famosos también sufren	25
	¿Cómo controlar el pánico escénico?	28
	Prepárate a fondo	31
	Reduce el estrés	34
	Visualiza tu éxito	36
	Practica tu discurso	37
	Aprende a relajarte	39
	Asegúrate un buen inicio	41
	Elabora un buen guion	43
3	**Claves para el éxito personal y profesional**	47
	Averigua cómo es el público	49
	Elige un título atractivo	51
	Impacta a la audiencia con tu discurso	51
	Interactúa con el público	58
	Genera emociones	59
	Cuida el lenguaje no verbal	59
	Utiliza el sentido del humor	61
	Adórnate con citas célebres	62
	Selecciona bien las ayudas	62
	Sé agradecido	64

| **4** | Cualidades de un buen orador | | | 67 |

Pasión	70	Preparación	71
Personalidad y naturalidad	71	Conexión y empatía	73
Creatividad	73	Claridad	74
Seguridad y confianza	75	Expresividad	75
Imagen personal	76		

| **5** | Secretos de la comunicación no verbal | | | 79 |

El rostro	85	Las manos	89
La mirada	94	La apariencia física	98
El movimiento corporal	102	Los gestos	105
La voz	107	La respiración	109
La dicción	111	La modulación	114

| **6** | Cómo diseñar una presentación visual | | | 119 |

Primeras recomendaciones	121	El mejor programa	123
Sé precavido	124	Imágenes y texto	126
Cuida el diseño	128		

| **7** | Bibliografía | 133 |

Introducción

"Hablar en público es una situación a la que casi todo el mundo tendrá que enfrentarse alguna vez en su vida"

Si estás leyendo este libro es porque te gustaría mejorar la calidad de tus discursos, charlas o presentaciones. Es posible que en más de una ocasión, al intentar hablar en público, te hayas sentido nervioso e inseguro. No te preocupes, no es una tarea fácil para la mayoría de las personas.

La obra que tienes en tus manos es una guía completa de consejos, métodos y técnicas básicas muy útiles para dominar el fascinante arte de la oratoria, ganar confianza y seguridad en ti mismo y causar un impacto positivo en las personas que te escuchen.

Es muy importante que entiendas que ser un buen comunicador no es una cualidad innata de la persona, sino que es una capacidad que se puede aprender y desarrollar a base de experiencias y ensayos. Para ello no necesitas una gran audiencia. Aprovecha cualquier oportunidad para hablar en público, conversa con tus amigos y compañeros de trabajo, cuéntale alguna historia a tu hijo o a tu hermano, participa activamente en las reuniones que organiza tu comunidad de vecinos… Repito, aprovecha cualquier oportunidad. Solo así podrás superar tus miedos e inseguridades y convertirte en un buen comunicador.

"A hablar en público se aprende hablando en público"

Al leer este libro te darás cuenta que la mayoría de sus páginas están dedicadas a la comunicación no verbal, y es que está demostrado que el éxito de un orador no tiene que ver tanto con las palabras, sino, sobre todo, con los gestos, la entonación, el movimiento del cuerpo, la mirada, la actitud, etc.

Mi propósito al elaborar este manual es ayudarte a mejorar y perfeccionar tu capacidad para enfrentarte a un público al que dejarás fascinado. Sí, fascinado, porque el reto más importante de un buen orador no es informar ni persuadir, sino, sobre todo, cautivar y emocionar. No lo olvides: esta es una de las claves del éxito.

¿A quién va dirigido este libro? Absolutamente a todo el mundo. Si lees con atención las siguientes líneas, entenderás fácilmente por qué cualquier persona (alumno de secundaria, universitario, opositor, profesor, científico, abogado, político...) debería leerlo:

a) Todo en la vida es comunicación. Todo, pero la mayoría de las personas no saben comunicarse. Casi todas son buenas para hablar, pero casi nadie comunica realmente.

b) Según el psicólogo Albert Mehrabian, en un proceso de comunicación (en el que entren en juego sentimientos y emociones) el 7% es lo que decimos, el 38% es cómo lo decimos (el tono, la voz, las pausas, los silencios…) y el restante 55% es lo que comunicamos sin decir nada, es decir, el lenguaje corporal (la mirada, los gestos, el movimiento corporal…). ¿Dónde crees que la oratoria tradicional pone su atención? Sí, en el 7%.

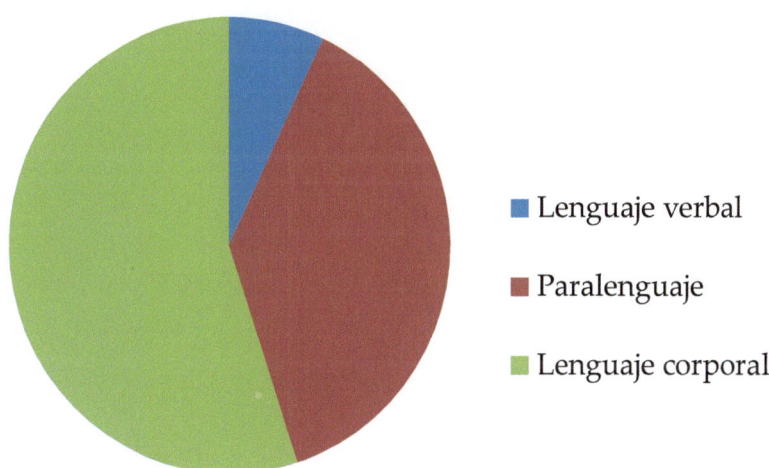

c) De todos los que dan un discurso, menos del 5% saben cómo decir lo que saben, y el otro 95% no saben cómo decirlo.

d) La oratoria en los negocios, en la política, en la vida académica y en la vida personal es una de las prácticas más temidas por la mayoría de la gente, pero, al mismo tiempo, de las más necesarias e importantes.

e) Cuando nos comunicamos con fluidez y de una forma positiva reforzamos los vínculos con los demás y propiciamos el éxito en las relaciones interpersonales.

f) Hablar en público es una de las habilidades personales que pueden ayudarte a progresar y destacar en tu carrera o profesión. Son muchos los trabajos que están ligados a una buena comunicación, y quien domina el arte de la oratoria multiplica sus posibilidades de éxito.

"Ser capaz de comunicar es el valor añadido más importante en el mundo moderno"

g) Cuando no sabes cómo expresar y comunicar ideas es cuando hace su aparición el pánico escénico: sudor de manos, temblores en el cuerpo, voz seca y quebradiza, tono de voz aburrido, corazón agitado... Y todo por no saber cómo comunicar.

Y ahora que ya conoces algunas de las razones por las que es tan importante dominar el arte de la oratoria, quiero que sepas cuáles son los dos grandes objetivos de este libro:

1) Conseguir que conectes con tu audiencia, incrementar tu confianza y seguridad, y eliminar tu miedo a hablar en público. No importa si nunca has hablado delante de algún grupo de personas o si ya tienes experiencia. Te garantizo que este libro mejorará tu capacidad para comunicar. Lo

único que te pido es que lo leas con detenimiento y practiques cada una de las técnicas y trucos que, capítulo tras capítulo, irás encontrando en sus páginas.

2) Lograr que domines el lenguaje no verbal (entonación, gestos, modulación de la voz, desplazamiento en el escenario…) para que tu cuerpo sea congruente con tu voz y tu mensaje, y que tu comunicación sea eficaz y convincente.

Imagina cómo afectaría a tus estudios, a tu práctica profesional, incluso a tus relaciones personales si dominaras esta habilidad tan temida, pero al mismo tiempo deseada, por la mayoría de la gente: la habilidad de poder comunicar y presentar ideas frente a un público de forma profesional y sin esfuerzo.

¿Estás preparado para aprender a hablar en público? Si tu respuesta es afirmativa, estaré encantado de poner a tu servicio toda mi experiencia personal y profesional para que llegues a ser un excelente orador.

"Si no sabe hablar, un hombre de fuerza e inteligencia extraordinaria puede no ser más que un cero en la sociedad"

— William Channing —

La historia de Demóstenes,
el gran orador griego

El joven Demóstenes[1] soñaba con ser un gran orador; sin embargo, este propósito parecía una locura desde todo punto de vista.

Su trabajo era humilde y de extenuantes horas a la intemperie. No tenía el dinero para pagar a sus maestros ni ningún tipo de conocimientos. Además tenía otra gran limitación: era tartamudo.

Demóstenes sabía que la persistencia y la tenacidad hacían milagros y, cultivando estas virtudes, pudo asistir a los discursos de los oradores y filósofos más importantes de la época. Hasta tuvo la oportunidad de ver al mismísimo Platón exponer sus teorías.

Ansioso por empezar, no perdió tiempo en preparar su primer discurso. Su entusiasmo duró poco: la presentación fue un desastre. A la tercera frase fue interrumpido por los gritos de protesta de la audiencia:

—¿Para qué nos repite diez veces la misma frase? —dijo un hombre, seguido de las carcajadas del público.

---

[1] Demóstenes fue uno de los oradores más relevantes de la historia y un importante político ateniense. Nació en Atenas en el año 384 a. C. y falleció en Calauria en el año 322 a. C.

—¡Hable más alto! —exclamó otro. No se escucha, ¡ponga el aire en sus pulmones y no en su cerebro!

Las burlas acentuaron el nerviosismo y el tartamudeo de Demóstenes, quien se retiró entre los abucheos sin ni siquiera terminar su discurso.

Cualquier otra persona hubiera olvidado sus sueños para siempre. Fueron muchos los que le aconsejaron (y muchos otros los que lo humillaron) que desistiera de tan absurdo propósito.

En vez de sentirse desanimado, Demóstenes tomaba esas afirmaciones como un desafío, como un juego que él quería ganar. Usaba la frustración para agrandarse, para llenarse de fuerza, para mirar más lejos. Sabía que los premios de la vida eran para quienes tenían la paciencia y persistencia de saber crecer.

—Tengo que trabajar en mi estilo —se decía a sí mismo.

Así fue que se embarcó en la aventura de hacer todo lo necesario para superar las adversas circunstancias que lo rodeaban.

Se afeitó la cabeza para así resistir la tentación de salir a las calles. De este modo, día tras día, se aislaba y practicaba hasta el amanecer.

En los atardeceres corría por las playas gritándole al sol con todas sus fuerzas para así ejercitar sus pulmones.

Más entrada la noche se llenaba la boca con piedras y se ponía un cuchillo afilado entre los dientes para forzarse a hablar sin tartamudear.

Al regresar a su casa se paraba durante horas frente a un espejo para mejorar su postura y sus gestos.

Así pasaron meses y años antes de que reapareciera de nuevo ante la asamblea defendiendo con éxito a un fabricante de lámparas, a quien sus ingratos hijos le querían arrebatar su patrimonio. En esta ocasión, la seguridad, la elocuencia y la sabiduría de Demóstenes fueron ovacionadas por el público hasta el cansancio.

Demóstenes fue posteriormente elegido como embajador de la ciudad. Su persistencia convirtió las piedras del camino en las rocas sobre las cuales levantó sus sueños.

"Si tienes la oportunidad de hablar en público, nunca la dejes pasar"

Si te lo propones, tú también puedes llegar a ser un buen orador como Demóstenes. Su historia nos demuestra que con empeño, sacrificio y, sobre todo, mucha pasión, cualquier sueño puede hacerse realidad.

Presta mucha atención a los métodos, técnicas y habilidades que encontrarás en estas páginas y practícalos siempre que puedas.

"El peor fracaso es no intentarlo"

El arte de hablar bien es una apuesta vital cuya preparación no acaba nunca, pero que solo tiene un camino: práctica, práctica y más práctica. Si realmente deseas vencer tus miedos y desenvolverte con naturalidad delante de un escenario lleno de público, has elegido el libro perfecto. Pero recuerda: no hay milagros ni pócimas mágicas.

"La aventura de hablar en público comienza y termina en ti"

¡BUEN VIAJE!

Capítulo 1

"Introducción"

IDEAS IMPORTANTES

_____
_____
_____
_____
_____
_____
_____
_____
_____
_____
_____
_____
_____
_____

2

El pánico escénico

No eres el único

"Hay dos tipos de oradores:
los que se ponen nerviosos y los mentirosos"

— Mark Twain —

En nuestra vida diaria necesitamos comunicarnos con los demás de una forma fluida. A veces esa comunicación va dirigida a una sola persona, conocida o desconocida; otras, a un grupo de amigos, vecinos o compañeros de trabajo, y, en algunas ocasiones, a un público mucho más numeroso.

En todos estos casos, y dependiendo de la persona, es normal experimentar una cierta inquietud e intranquilidad. El éxito o el fracaso al hablar en público va a depender, en gran parte, de si somos o no capaces de dominar y controlar esta situación.

Una inquietud demasiado intensa y desproporcionada constituye un grave problema para el que la padece. En algunos casos puede llegar a ser verdaderamente incapacitante y limitar de forma notable la vida personal o laboral de la persona.

Esta inquietud a la que me refiero, y que posiblemente hayas sufrido en más de una ocasión, es la "glosofobia". Se trata de una patología que afecta a la mayor parte de la sociedad y que está incluida dentro de los trastornos de ansiedad social, según el *Manual diagnós-*

tico y estadístico de los trastornos mentales (DSM-V) de la Asociación Americana de Psiquiatría[2].

Hablar en público es una capacidad que no suele entrenarse muy a menudo en la infancia o adolescencia (el sistema educativo español no potencia suficientemente el desarrollo de esta habilidad). Afecta por igual a estudiantes de la ESO, Bachillerato, universitarios, opositores, profesores, actores, políticos, deportistas, cantantes... Da igual la profesión o el estatus. Todos o casi todos nos ponemos nerviosos. Ni los personajes más célebres se salvan del nudo en el estómago antes de dirigirse a un público.

---

[2] La Asociación Americana de Psiquiatría es la principal organización de profesionales de la psiquiatría estadounidense y la más influyente a nivel mundial. Publica diversas revistas y panfletos, así como el *Manual diagnóstico y estadístico de los trastornos mentales*.

Los famosos también sufren

"Entro en pánico ante cualquier cámara. Mis manos empiezan a temblar y tengo dificultades para respirar", confiesa Nicole Kidman.

Tras los Oscars de 2006, la ganadora a mejor actriz, Reese Witherspoon, declaró: "Estaba deseando que no dijeran mi nombre, porque la idea de tener que dar un discurso para todo el mundo me aterrorizaba".

El mismo Harrison Ford ha confesado en varias ocasiones su miedo a hablar en público. Según cuenta, incluso cuando en una película su personaje pronuncia un discurso, experimenta la misma sensación de pánico.

Nicole Kidman

R. Witherspoon

Harrison Ford

En el mundo de los negocios encontramos casos como el de Warren Buffet (actualmente ocupa la segunda posición en la lista de hombres más ricos del mundo elaborada por la revista *Forbes*, por detrás de Bill Gates).

Su pánico a hablar en público era de tal magnitud que elegía sus asignaturas de la universidad de modo que no tuviera que hablar delante de la clase. Cuando empezó su carrera profesional consideró que tenía que superar su miedo si quería desarrollar al máximo todo su potencial.

A través de la formación y la práctica, Buffet consiguió dominar la comunicación. Cuando hoy día le preguntan por la clave de su éxito, lo tiene muy claro: "Tienes que ser capaz de comunicarte en la vida. Eso es tremendamente importante. Si no puedes hablar y comunicarte con otras personas y que comprendan tus ideas, estás echando a perder todo tu potencial".

Warren E. Buffett

Salma Hayek

Antes de finalizar este apartado, me gustaría contarte el caso de Salma Hayek, actriz a la que seguramente ya conocerás por su carrera cinematográfica. Tenía tan solo 18 años cuando tuvo que interpretar a Jasmine en una producción juvenil del cuento "Aladín", y fue el mismo día de la inauguración de esa obra cuando se enteró de que sufría miedo escénico.

No se dio cuenta de ello hasta que se abrió el telón y se quedó completamente muda delante de todo el mundo. Estaba tan asustada que se le habían borrado de su mente todas las frases con las que arrancaba el espectáculo y, tras quedarse unos minutos petrificada, su primera reacción fue la de abandonar el escenario y salir corriendo. Desde ese momento no ha vuelto a hacer teatro.

Ahora que ya sabes que no eres el único que sufre este problema, es momento de avanzar y conocer algunas técnicas y herramientas de gran valor que te ayudarán a convertirte en un buen comunicador. Quizá pueda parecer algo presuntuoso por mi parte, pero estoy convencido de que, tras leer este libro, tu vida personal y profesional van a cambiar de forma radical.

Pon mucha atención y ensaya siempre que puedas (con tu familia, tus amigos, tus vecinos, tus compañeros de trabajo...). Ya sé que puedo parecer algo pesado. De hecho, te lo repetiré en más de una ocasión a lo largo de este manual: practica, practica y practica. Solo así conseguirás vencer tus miedos y comunicar con eficacia.

"El gran secreto de los grandes oradores:

ensayar y practicar"

¿Cómo controlar el pánico escénico?

El pánico escénico hace referencia a la angustia que sienten la mayoría de las personas ante la situación de hablar en público o a actuar ante una audiencia. Una de las características que mejor lo definen es que tiene un carácter anticipatorio, es decir, aunque la intervención sea dentro de unas semanas, o incluso meses, la persona ya está "pensando, anticipando" lo que va a suceder y está sintiendo ese miedo, quizá de una forma más moderada que en la actuación, pero ya lo está manifestando. Las causas que originan este pánico o miedo escénico son variadas:

a) Por evitación: Al ser una situación no demasiado común y algo intimidante en muchos casos, la persona puede evitar enfrentarse a ella. Así, al acumular estas situaciones evitadas, el miedo a hablar ante otras personas puede crecer y llegar a convertirse en una fobia.

b) Por una experiencia traumática: La persona ha podido experimentar en su pasado alguna situación traumática asociada al hecho de hablar en público. Esta experiencia negativa ha podido vivirse en primera persona o por observación en otra.

c) **Por un bajo nivel de autoestima:** Es posible que esta situación resulte especialmente difícil para aquellas personas que han mostrado desde la infancia ciertas creencias sobre sí mismas que tienen que ver con su baja valía o con la poca importancia de lo que puedan aportar.

En este sentido, son muy comunes las expresiones del tipo: "no soy capaz, me rechazarán", "no hay nada interesante que yo pueda decir", o "se van a reír de mí porque soy ridículo".

d) **Por una excesiva autoexigencia:** A veces nos encontramos con personas demasiado rigurosas consigo mismas, lo que les lleva a no tolerar ningún error. Este alto nivel de exigencia es especialmente notable cuando se ven en la situación de tener que hablar ante los demás. Temen el juicio crítico que estos puedan hacer de ellos.

El nerviosismo o la ansiedad que experimentamos en ciertas situaciones de nuestra vida son normales, y hablar en público no es una excepción. De hecho, el miedo a hablar ante otras personas es uno de los temores más extendidos en nuestra sociedad.

¿Sientes miedo? ¿Y qué? ¿Quién no se ha puesto nervioso alguna vez cuando le ha tocado hablar ante una clase, un tribunal o en una entrevista de trabajo? La cuestión es cómo controlar esa emoción.

Este pánico escénico paraliza la lengua, acelera el pulso, seca la garganta, produce transpiración, engendra movimientos torpes del cuerpo, los brazos y las piernas, traba la voz y, lo que es peor, turba la mente. Son muchas las personas, víctimas de este pánico, a las que les resulta muy complicado ponerse delante de una audiencia y transmitir de forma eficaz y convincente sus ideas.

Ahora bien, esta emoción, enemiga del orador, que paraliza u obstaculiza la comunicación, no debe desalentarte. La historia nos enseña que de los tímidos han surgido los más grandes comunicadores. No hay orador que no haya sentido temor ante los oyentes. Es más, quien no está en cierta tensión tiene muchas posibilidades de hacerlo mal.

Los nervios, si no son excesivos, favorecen la adrenalina necesaria para agudizar nuestra capacidad intelectual, nos ayudan a mantener nuestra atención y a estar alerta, siempre y cuando no sean ellos quienes nos dominen.

"Un cierto nerviosismo puede ser positivo"

Si eres una de esas personas, víctima del pánico escénico[3], debes saber que el miedo se aprende (y desaprende). Uno no nace con miedo escénico, ni siquiera con miedo. Y tú, estimado lector, estás en el camino correcto: pronto, muy pronto aprenderás a controlarlo.

Lee detenidamente las siguientes páginas e intenta poner en práctica cada una de las recomendaciones y técnicas que te propongo. Al hacerlo, notarás cómo irán disminuyendo tus temores y aumentando tu confianza y seguridad.

---

[3] Según Cheryl Hamilton, profesora de comunicación del Tarrant County College, el 95% de la población sufre de ansiedad, en mayor o menor grado, cuando tiene que dirigirse a un grupo de personas.

1

PREPÁRATE A FONDO

Cuanto mejor preparado lleves el tema que vas a tratar, menos nervios tendrás. Tu grado de conocimiento debe estar muy por encima del de los oyentes.

Documéntate seleccionando aquellos artículos o datos que por su firma o soporte de publicación tengan fiabilidad, lee todo cuanto puedas acerca del tema y, sobre todo, plantéate cómo te gustaría que fuera tu discurso. Lleva contigo siempre una libreta y anota todo lo que se te ocurra, da igual que sea una idea aparentemente estúpida o una duda sin sentido. Esta es una instrucción básica para desarrollar la creatividad. Realizar estas acciones te permitirá estar más seguro y reducir sensiblemente el pánico escénico.

Siempre que puedas, introduce el tema que estés preparando en las conversaciones con tus amigos, tu familia, tus compañeros de trabajo… Háblales sobre lo que has leído y lo que has comprendido, y comprueba el grado de asimilación e interés en sus rostros.

"La excelencia del hablar no puede sobresalir si aquel que habla no sabe perfectamente de lo que habla"

— Cicerón —

El éxito de tu discurso no depende de tu memoria, sino de tu preparación. Así pues, no trates de aprenderte el discurso memorizando palabra por palabra, porque podrías quedarte bloqueado, lo que te produciría pánico y tiraría por la borda todo tu trabajo.

Prepárate al máximo y asegúrate de conocer muy bien el tema y tener claros los objetivos que quieres conseguir. Generarás en el público la percepción de confianza y control.

Si no conoces bien aquello de lo que vas a hablar o no demuestras interés, difícilmente estarás seguro y tranquilo delante del público. Descuidar la preparación basándote únicamente en la improvisación o en la inspiración del momento no es la mejor de las opciones. El temido síndrome de la mente en blanco suele aparecer cuando no has ensayado o preparado suficientemente tu intervención.

Lo que no debes hacer nunca, repito, nunca, es dejar para el último día el ensayo de tu discurso. Si lo haces, el miedo se apoderará de ti y lo pasarás muy, pero que muy mal. Esta situación la puedes evitar fácilmente planificándote bien y dejando algunos días previos a tu intervención para ensayar hasta que estés totalmente satisfecho con el resultado final.

Imaginarte delante de la audiencia pronunciando tu discurso te ayudará a tener mayor seguridad y confianza el día que lo hagas, así que aprovecha cualquier oportunidad para repetirte internamente todo lo que vas a decir y a hacer.

REDUCE EL ESTRÉS

Los días antes de tu discurso procura no estresarte e intenta llevar una vida calmada y relajada. Necesitas que tu mente esté tranquila para mejorar tu concentración y aprovechar al máximo tu creatividad.

El día del discurso tómatelo con calma y aprovecha para descansar. Una persona que no descansa lo suficiente ve afectada su memoria y es muy posible que se quede bloqueada durante su intervención. Si dispones de algo de tiempo, intenta realizar algún tipo de actividad física suave, como correr, montar en bici o dar un paseo. Conseguirás relajarte y sentirte en plena forma.

Un error muy frecuente es agotarse durante la preparación, robando horas al sueño y descuidando las comidas y el descanso. El arma más eficaz, cuando se trata de hablar en público, es nuestra capacidad de comprensión, análisis, síntesis y expresión. Mucho más importante que saberlo todo o haber preparado perfectamente tu intervención es que llegues al evento descansado, lúcido, pleno de energía y con una actitud positiva. El público te lo agradecerá.

Algunas de las situaciones que debes evitar a toda costa, ya que te pueden resultar muy estresantes, son:

a) Llegar tarde: Mi consejo es que llegues al lugar donde vas a realizar tu intervención con la suficiente antelación, sin prisas ni agobios, y compruebes que todo está ordenado y dispuesto. Si no es así, no dudes en reordenarlo a tu gusto.

b) Realizar ensayos el mismo día de la intervención: Si tu preparación ha sido la adecuada, todo te saldrá bien, según lo previsto. Intentar recordarlo todo repasando lo que vas a decir solo hará que te pongas más nervioso.

c) Las sorpresas de última hora: Aunque a veces es imposible tenerlo todo controlado, sí que conviene que llegues con el tiempo suficiente para poder comprobar que todo, absolutamente todo funciona perfectamente: proyector, ordenador, pantalla…

Y, en cualquier caso, ten presente que siempre habrá cuatro discursos diferentes: el que preparaste, el que dijiste, el que entendieron y el que te hubiera gustado decir.

3

VISUALIZA TU ÉXITO

Antes de entrar en escena y pronunciar tus primeras palabras, imagina que tu presentación irá bien. Cierra firmemente los ojos y visualízate después de un discurso con una enorme sonrisa en la cara y recibiendo las felicitaciones del público. Atrapa esa imagen y recuérdala de vez en cuando. Te ayudará más de lo que te imaginas.

> **"Lo que un hombre puede hacer,
> otro lo puede repetir. Está a tu alcance"**

Los pensamientos positivos pueden disminuir parte de tu visión negativa sobre tu actuación y liberar algo de ansiedad. Ten en cuenta que el miedo a hablar en público y el nerviosismo son sensaciones naturales antes de salir ante tu audiencia. Por ello, es importante que cambies tu forma de pensar, evitando los pensamientos negativos ("no voy a ser capaz de hacerlo", "seguro que me voy a quedar en blanco", "voy a hacer el ridículo"…) que pueden llegar incluso a bloquearte, y procures no centrar la atención en ti, sino en las personas de la sala.

Si sales pensando que lo vas a hacer mal, seguramente esa idea ronde por tu cabeza todo el tiempo y te impida desarrollar tu intervención tal y como la habías ensayado.

Mi consejo es que aproveches los minutos previos a tu intervención para charlar amistosamente con los asistentes al evento. Hacerlo te mantendrá distraído y aliviará la tensión propia del momento.

4

PRACTICA TU DISCURSO

"La excelencia solo se adquiere con la práctica"

Ensaya una y otra vez y, si es posible, evita hacerlo solo. Mejor si lo haces delante de unos amigos o familiares con los que te sientas cómodo. Cuando termine tu charla, pídeles su opinión y toma buena nota de todo cuanto te digan.

Recuerda que cuanto más ensayes, mejores resultados obtendrás. Este es el secreto del éxito. Ya te lo he dicho en más de una ocasión, así que no lo olvides: si deseas ser un buen orador, la práctica es fundamental e insustituible.

"El ensayo es la clave para convertir un discurso mediocre en un discurso magistral"

Ensayar te permite:

- Ganar confianza: Al ensayar tu discurso, disminuirá tu ansiedad, irás perdiendo el miedo paulatinamente y te sentirás mucho más seguro.
- Corregir tu discurso: Al realizar los ensayos es posible que descubras algún elemento que a lo mejor no termina de encajar o de producir el efecto deseado. Si es así y hay algo que quieras cambiar, aprovecha para hacer las correcciones que consideres oportunas hasta que todo esté a tu gusto.

- Controlar tu intervención: Los ensayos son la oportunidad perfecta para practicar gestos y técnicas con los que dotar de mayor emoción determinadas partes de tu discurso.

- Administrar el tiempo: La mejor forma de saber cuánto va a durar realmente tu intervención es ensayar. Al controlar y administrar correctamente el tiempo, evitarás sorpresas desagradables.

En el primer ensayo es conveniente que te cronometres. Lo normal es que si tienes que hacer un discurso de 20 minutos, el primer ensayo dure unos 45 minutos. Párate cuando sea preciso y realiza los ajustes que consideres necesarios. Si dispones de tiempo, haz un segundo ensayo. Si no es así, deja pasar un par de días y vuelve a intentarlo. En cada ensayo que hagas te sentirás mucho más cómodo. ¿Cuántos ensayos debes realizar? Eso es algo que tienes que descubrir tú.

Toma nota del siguiente consejo: intenta siempre que te sobren unos segundos o incluso unos pocos minutos. Más vale un discurso que dure tres minutos menos (más oportunidades de preguntar e interactuar con el público) que tres minutos más, que pueden estar interfiriendo en la planificación de tus oyentes o en la propia organización del evento.

APRENDE A RELAJARTE

La relajación es un elemento fundamental para controlar el pánico escénico. Estira los hombros y el cuello, evita la rigidez corporal y respira profundamente de forma diafragmática (con la parte baja de los pulmones). Realiza estas acciones diariamente, sobre todo antes de realizar los ensayos, y conseguirás rebajar tu nivel de estrés.

Si lo que pretendes es relajarte justo antes del discurso, busca un momento para estar a solas. Túmbate o siéntate en un lugar cómodo e intenta dejar la mente en blanco. Luego, haz diez respiraciones lentas y profundas. Inspira profundamente procurando que el aire llegue hasta el estómago y, después, expúlsalo lentamente por la boca contando hasta diez. Concéntrate en tu respiración. Lo importante es que consigas alejar o acallar cualquier pensamiento que trate de asaltar tu conciencia.

Realizar este ejercicio durante cinco o diez minutos diarios favorece la relajación y facilita la concentración. El objetivo de esta técnica es que aprendas a prestar atención a tu respiración y a respirar de manera óptima, haciendo que el abdomen tenga más protagonismo que el pecho. Si ya estás realizando tu discurso, aprovecha algún silencio o cualquier intervención del público para hacer una única respiración (diafragmática) profunda y pausada. Te ayudará a estar en calma.

Además de controlar la respiración, también es recomendable que bebas un poco de agua (antes o durante tu discurso). Hacerlo te relajará, ya que la hidratación tiene un efecto sedante. Al beber le estás indicando a tu cerebro que todo está controlado, que tu cuerpo tiene cuanto necesita y que no hay por qué preocuparse.

Conseguirás también que desaparezca esa sensación de sequedad en la boca (tan molesta y común en este tipo de situaciones) y reducirás tu nivel de ansiedad.

Un último consejo antes de continuar con el siguiente apartado: si durante tu presentación empiezas a ponerte nervioso, respira, mira tus notas, bebe un poco de agua y sonríe con naturalidad como si no pasara nada. Luego, retoma tu discurso a un ritmo lento y comprobarás cómo enseguida todo vuelve a fluir.

> **"Una mente en calma trae fuerza interior y confianza en uno mismo"**
>
> — Dalai Lama —

6

ASEGÚRATE UN BUEN INICIO

La introducción es, junto con el final, la parte del discurso que debes preparar mejor, porque es el momento idóneo para atraer la atención del público. Recuerda que uno de los objetivos de cualquier tipo de presentación, charla o ponencia es conseguir la atención de la audiencia. Si no lo haces desde el comienzo, te resultará muy difícil mantenerla o recuperarla posteriormente.

Los primeros treinta segundos son vitales para causar una buena impresión. Este es el tiempo que suele tardar el cerebro humano en decidir si alguien nos cae bien o mal, si es o no afín a nosotros, si merece o no confianza, si tiene o no autoridad. Las claves para lograr que este primer contacto se traduzca en confianza son dos: la afinidad y la coherencia. La primera se consigue adecuando tu indumentaria y tus movimientos al entorno en el que debes moverte. La coherencia, por su parte, se logra cuando tu expresión corporal y tu propio discurso transmiten el mismo mensaje.

¿Qué debes hacer durante estos primeros treinta segundos?

1) Preséntate (si no lo ha hecho ya otra persona) con un par de frases que hayas memorizado y procura hacerlo de forma breve con una actitud abierta y una leve sonrisa en tu cara. El público agradece una imagen amable y simpática, aunque no la sonrisa forzada o los ademanes excesivos. Pasados estos primeros segundos, notarás cómo empiezas a encontrarte más relajado.

2) Da las gracias a los asistentes y a los organizadores (si los hay), intentando no dejar a nadie importante sin mencionar.

3) Comienza con una frase, una cita ingeniosa o una anécdota que tenga que ver con el tema. De este modo, romperás el hielo y conseguirás la atención de la audiencia.

4) Y, por último, evita las frases del tipo: "¡qué nervioso estoy!", "¡me he equivocado!", "¡me he quedado en blanco!"... Si en algún momento te pierdes, te equivocas o estás nervioso, no lo digas, y tampoco te disculpes por ello. Es muy probable que tus oyentes no se hayan dado ni cuenta. Si lo haces, a partir de ese instante y hasta el final de tu intervención, empezarán a fijarse únicamente en tu nerviosismo. Y no es esto lo que te interesa, ¿verdad?

7

ELABORA UN BUEN GUION

Si has decidido llevar algún guion, escríbelo en una ficha pequeña tamaño cuartilla (A5), nunca en un folio. Debe ser manejable y permitirte ver su contenido en un solo vistazo. Prepárala unos días antes y utilízala en tus ensayos. Si estás nervioso y te empiezan a temblar las manos, el folio multiplicará el movimiento y todo el mundo estará más pendiente de tus nervios que de lo que dices.

Rellena las fichas por una sola cara y enuméralas para que puedas ordenarlas fácilmente en cualquier momento de tu discurso. Debes tener en cuenta el tamaño de la letra, que ha de ser lo suficientemente grande para poder verla a simple vista. Incluye solo las ideas clave con las palabras más importantes subrayadas en negrita. Estas palabras serán la guía de tu discurso.

El tipo de papel a utilizar debe ser tipo cartulina para que tenga una cierta consistencia, permita su fácil manejo y sea más presentable que unos folios arrugados.

Utilizar fichas de apoyo en un discurso es algo completamente normal. Así que, si tienes pensado usarlas, no trates de ocultarlas o disimularlas.

Capítulo 2

"El pánico escénico"

IDEAS IMPORTANTES

_____
_____
_____
_____
_____
_____
_____
_____
_____
_____
_____
_____
_____

3

Claves para el éxito personal y profesional

Ahora que ya sabes cómo controlar el pánico escénico, hay algunas pautas que deberías seguir si deseas impactar a tu audiencia con un discurso brillante y convincente.

1

AVERIGUA CÓMO ES EL PÚBLICO

Conversa con la audiencia antes de la presentación e investiga su perfil. Trata de mantener una pequeña comunicación con algunas de las personas que van a asistir al evento. Te permitirá crear una cierta cercanía con tu público, perder una parte del miedo a lo desconocido, saber a qué han venido exactamente, quién les convoca, qué saben de antemano, cuáles son sus inquietudes y qué soluciones están buscando en tu charla. Tu labor ha de consistir en tratar de obtener una radiografía lo más completa posible.

La información que consigas te será muy útil. Ganarás tiempo, precisión y eficacia, ya que te permitirá adaptar tu mensaje a sus necesidades y darle un aire más fresco y auténtico a tu intervención.

En el caso de que no puedas familiarizarte con el público, intenta cruzar sonrisas y saludos de bienvenida con varias personas antes de empezar tu conferencia. Y, sobre todo, no percibas a tus oyentes como si fueran jueces que estén esperando condenar al orador. Todo lo contrario: son personas que de algún modo están interesadas en lo que les vas a contar, por lo que nunca, repito, nunca debes verlos como si fueran tus enemigos.

Averigua si son alumnos, opositores, abogados, empresarios, psicólogos, ejecutivos, comerciales... Este dato te ayudará a enfocar tu exposición de forma correcta. Conocer sus edades, sus expectativas, sus prejuicios y sus ideas sobre el tema, es la primera tarea que debes acometer. Un público de jóvenes adolescentes seguirá con más interés tu discurso si te muestras como una persona dinámica y algo desenfadada. Por su parte, un público formado por adultos valorará más la seriedad y la formalidad.

Además, dependiendo del tipo de audiencia, deberás elegir la vestimenta que consideres más adecuada e incluso te tendrás que plantear adaptar tu forma de hablar. Una causa muy común de fracaso en los oradores reside en hablar igual a públicos distintos.

2

ELIGE UN TÍTULO ATRACTIVO

Si deseas captar la atención de los asistentes y generar expectativa en ellos, un buen título para tu discurso es fundamental. Su interés en asistir a la charla será mayor si el título le engancha lo suficiente. Por ello, elige siempre uno que resulte atractivo e interesante.

3

IMPACTA A LA AUDIENCIA CON TU DISCURSO

"Un mismo discurso puede ser un éxito o un fracaso dependiendo de la capacidad del orador para transmitir sus ideas"

Cualquier discurso tiene siempre tres partes: inicio, cuerpo y final; no obstante, debes saber que tu presentación comienza realmente cuando entras en la sala, no cuando pronuncies la primera palabra. Los primeros segundos son muy importantes, así que cuida muy bien cómo caminas, cómo sonríes, cómo miras…

Muchos de los sentimientos y el sabor de boca que el público se lleva de tu discurso están determinados, sobre todo, por el inicio y el final, y es que las personas nos acordamos mucho mejor de cómo empieza (principio de primacía) y cómo termina un discurso (principio de recencia) que de lo que se dice en el mismo. Por este motivo, debes prestar especial atención a esos dos momentos. Las primeras impresiones, si son malas, son muy difíciles de cambiar. Por ello, es preciso que cuides de manera especial esos primeros segundos de contacto con quienes te van a escuchar.

"Las apariencias importan"

Mi consejo es que no comiences a hablar hasta que no tengas la atención del público. Iniciar tu discurso cuando todavía hay personas sentándose o un murmullo molesto en la sala es un grave error que debes evitar, porque puede romper la magia del principio. Ante todo, nunca te muestres enfadado ni nervioso, tampoco eleves la voz. Hacerlo te restaría autoridad y te haría parecer inseguro.

Ahora que ya tienes dominada la situación, es el momento de dirigirte al público y hacer una buena introducción. Esta ha de ser breve, ya que su misión no es informar ni argumentar, sino captar la atención y el interés de tus oyentes sobre tu persona y tu discurso.

Para comenzar puedes utilizar diferentes opciones: una frase que enganche, una pregunta, un relato breve, alguna anécdota curiosa... Una técnica que funciona muy bien y que utilizan con frecuencia los oradores profesionales consiste en iniciar su discurso contando algo que les acaba de ocurrir o relatando alguna vivencia personal del pasado. De esta manera, conectan con los asistentes y consiguen que estos se interesen por lo que van a decir.

Todos tenemos vivencias personales que contar, historias que pueden ser el preludio ideal a una charla o conferencia. Anímate y utiliza este recurso para que el público conecte contigo.

Cuando te presentes, hazlo no como una eminencia o un experto, ya que estarías creando una barrera psicológica difícil de vencer. Muéstrate como una persona humilde y cercana. Estas cualidades son fundamentales si lo que pretendes es atraer el interés y la atención de tus oyentes.

Otro recurso que funciona muy bien es empezar con un silencio. Esta técnica es muy simple, pero, al mismo tiempo, muy efectiva. Consiste en dejar pasar unos cuatro o cinco segundos desde que el público se ha callado hasta que empieces con tu intervención. Al hacerlo, conseguirás que presten atención a lo que vas a contarles y generar una buena dosis de expectativa.

Una vez que te hayas presentado y realizado la introducción, explícales brevemente cómo has organizado los contenidos. De esta forma, tus oyentes, además de conocer el itinerario que vas a seguir en tu intervención, sabrán en qué momento podrán intervenir, evitando así interrupciones innecesarias.

Llega ahora el momento de hablar del cuerpo del discurso. Este debe ser lo suficientemente extenso para responder a las expectativas del público y lo suficientemente breve para lograrlo en el mínimo tiempo posible. Una conferencia que se alarga en exceso se convierte en una mala experiencia para muchas personas. Recuerda: siempre es mejor ser breve y decir algo interesante que alargarse en un discurso aburrido y que no tiene ningún interés.

Las siguientes palabras de Quintiliano[4] expresan a la perfección la idea anterior:

"Decir cuanto es necesario y cuanto es suficiente"

El aburrimiento del público es el síntoma que te indica si tu intervención se desarrolla de manera adecuada o no. Y nunca, repito, nunca alargues tu discurso una vez que hayas anunciado que ibas a acabar. Lo que digas en ese tiempo añadido irá en tu contra.

Es una falta de respeto abusar del tiempo que te han concedido, por muy interesante que te pueda parecer lo que estés contando. Recuerda que tu objetivo ha de ser siempre dejar un buen sabor de boca en tus oyentes.

---

[4] Marco Fabio Quintiliano (35 d. C. - 100 d. C.) fue un retórico y pedagogo hispanorromano.

Otro de los factores a tener en cuenta cuando hables en público es que debes evitar cualquier ruido, es decir, todo aquello que impida o dificulte que tu mensaje llegue con nitidez y claridad a la audiencia (gestos o ademanes exagerados, vocabulario excesivamente técnico, una actitud demasiado pasiva...).

"Un mensaje es claro cuando penetra de forma sencilla en la mente del receptor"

Tus oyentes no quieren escuchar todo lo que sabes, sino solo lo más relevante. Si has preparado y ensayado adecuadamente tu discurso, sabrás distinguir lo esencial de lo accesorio y, además, explicarlo con claridad. Si, al pronunciar tu discurso, aprovechas la ocasión para transmitir todo lo que sabes, acabarás generando aburrimiento y confusión en tus oyentes.

Así pues, sé conciso, claro y directo, e intenta centrar tu discurso en ideas útiles a tu auditorio, en aquello que tú puedes ofrecer y que ellos necesitan. Estas directrices son infalibles para que tu mensaje llegue correctamente al público.

"La capacidad de concentración del público es limitada"

La claridad la consigues utilizando un vocabulario sencillo y apropiado. Lo sencillo lo entiende todo el mundo, y es una muestra de consideración hacia los oyentes, que siempre te lo agradecerán. Evita los vulgarismos y utiliza las palabras justas, indispensables, aquellas que te ayuden a expresar el mensaje que deseas transmitir y estructura correctamente el discurso.

Cuando hablamos sobre un tema que dominamos, corremos el riesgo de pensar que las personas que nos escuchan también lo conocen. Mi consejo es que elijas bien tus palabras y expongas de forma organizada y precisa los temas que vas tratando con un esquema claro y sencillo que permita seguir su desarrollo sin dificultad. Un discurso bien ordenado transcurre con fluidez y conecta fácilmente con el cerebro de quienes te escuchan.

Una fórmula que puedes utilizar es distribuir tu intervención en partes claramente diferenciadas e iniciarla con una presentación personal que incluya la cualificación que te conceda alguna autoridad sobre el tema del que vas a hablar.

"Saber expresar una idea es tan importante como la idea misma"

Debes explicar y concretar muy bien los objetivos de tu presentación, y tener muy claro cuál es el mensaje que quieres transmitir a tu audiencia sin repetirte en interminables palabras que no conducen a ninguna conclusión clara. Si todo es importante, entonces nada lo es. Así pues, simplifica tu mensaje hasta reducirlo a lo esencial, a aquellos puntos clave que deseas que aprenda el público, evitando, en todo momento, la sobrecarga de información.

> "Un discurso no debería tener párrafos innecesarios,
> ni un párrafo frases innecesarias, ni una
> frase palabras innecesarias"
>
> — William Strunk —

Si recuerdas, al comienzo de este apartado te decía que los primeros segundos de tu intervención eran fundamentales para captar la atención y el interés del público. Pues bien, el final o cierre es ese otro momento de tu intervención que debes cuidar al máximo.

Sé breve, céntrate sobre todo en destacar las ideas que quieras resaltar y memoriza muy bien lo que tengas pensado decir. Intenta mostrarte enérgico y efusivo. De esta forma, tus conclusiones tendrán mucha más fuerza.

Insisto de nuevo: prepara y ensaya muy bien el cierre de tu discurso. No termines de forma atropellada sin destacar las ideas clave. Si sigues estos consejos, el éxito de tu discurso está garantizado.

4

INTERACTÚA CON EL PÚBLICO

Siempre que puedas, debes reservar algún momento durante tu intervención para interactuar con el público. Para lograrlo, pide a los presentes que levanten la mano o que respondan con un sí o un no a alguna pregunta, y dales la opción de preguntar, dialogar, debatir... La interacción es la manera más eficaz para mantener a la audiencia involucrada y conocer a quienes te están escuchando. Al mismo tiempo, es una muestra de atención y respeto para quienes te están dedicando su tiempo.

"Si haces participar a tu público, tendrás el éxito garantizado"

Todo tu discurso ha de estar pensado desde la perspectiva de tus oyentes, por ello debes hacerles notar que los auténticos protagonistas son ellos. Que se den cuenta y que sientan la importancia que les concedes. Por esta razón, si en algún momento de tu intervención tienes previsto hacer un intermedio, aprovecha esta interrupción para acercarte al público y conversar con los asistentes.

5

GENERA EMOCIONES

Usa tu propia experiencia personal o profesional para generar emociones profundas en la gente. Las personas somos seres emocionales, vibramos con las sensaciones que nos transmiten las películas, los libros o cualquier historia bien contada. Por esta razón, tienes que aprender a contar historias que conecten a las personas con su lado más auténtico. Las emociones hacen que los datos que las acompañan se queden grabados en la memoria.

> **"El cerebro emocional responde a un evento más rápidamente que el cerebro pensante"**
>
> — Daniel Goleman —

6

CUIDA EL LENGUAJE NO VERBAL

Ensaya una y otra vez los gestos que acompañarán tu intervención, y recuerda que no se trata de hacer gestos efectistas, sino efectivos. Gran parte de la atención del público se centra en el lenguaje corporal, incluso se puede afirmar que un tanto por ciento muy elevado de la credibilidad concedida a un orador depende de cómo utiliza su lenguaje no verbal, ya que nos fiamos mucho más de lo que vemos que de lo que oímos. No obstante, no olvides nunca que el mejor orador es aquel al que se le nota menos que está actuando como tal.

Utiliza las manos, los silencios y las pausas. Las primeras requieren un gran dominio y control de la situación, y refuerzan el mensaje que se quiere dar, por eso es muy importante que las uses de manera natural, oportuna y muy controlada.

Por su parte, los silencios son un recurso de comunicación muy efectivo con el que poder atraer la atención del público y transmitir un mensaje mucho más emotivo.

Por último, las pausas, al igual que los silencios, añaden más emoción a nuestras palabras. Prueba a hacer una pausa de unos dos o tres segundos, justo antes de decir algo importante, y comprobarás cómo aumenta la expectación y el interés de tus oyentes.

"Quien no sabe callar, tampoco sabe hablar"

7

UTILIZA EL SENTIDO DEL HUMOR

El sentido del humor[5] es una habilidad social que mejora la comunicación y permite conectar con el público de manera inmediata. Hacer una pequeña broma de cuando en cuando (sin abusar) para romper el hielo provoca cercanía y, además, permite romper la monotonía del discurso.

Cuenta alguna situación graciosa, a ser posible que esté relacionada con la temática de tu discurso, y asegúrate de ser muy ingenioso para que cause un efecto positivo.

Algo que debes saber es que no todo el mundo sirve para gastar bromas o contar chistes. ¿Eres tú una de estas personas? Si es así, sé prudente y utiliza adecuadamente este recurso.

El comienzo de cualquier presentación es uno de los mejores momentos para que utilices el sentido el humor. Como ya sabes, con un buen inicio puedes conquistar la atención y la simpatía de tu audiencia.

---

[5] Para Martin Seligman, investigador de la psicología positiva, el sentido del humor es una de las fortalezas del ser humano. Este autor define el humor como la capacidad para experimentar y estimular la risa.

8

ADÓRNATE CON CITAS CÉLEBRES

Utilizar citas de otras personas en tu discurso suele tener un efecto muy positivo sobre el público, siempre y cuando la cita y el citado merezcan la pena. "Como dijo Aristóteles…" o "Fue Einstein el que dijo que…". Ahora bien, debes tener cuidado y no utilizar demasiadas citas, ya que podrías cansar a tu público e incluso llegar a parecer algo pedante.

9

SELECCIONA BIEN LAS AYUDAS

Estudios realizados sobre la comunicación humana demuestran que los receptores de un mensaje recuerdan entre el 30 y 35 por ciento de lo que ven y entre el 10 y el 15 por ciento de lo que oyen. Así pues, se transmite mucho más a través de la imagen y la palabra conjuntamente que a través de la palabra sola.

Las imágenes dejan en la mente del receptor una impresión más duradera que las palabras. Estas últimas se olvidan con mayor facilidad, por eso cada vez está más extendido el uso de dispositivos audiovisuales en las charlas, discursos y presentaciones.

Mi consejo es que utilices todo tipo de ayudas (proyectores, ordenadores, diapositivas, micrófonos...) que consideres adecuadas para captar la atención del público y lograr que tu discurso resulte más ameno y atractivo.

Asegúrate de utilizar todos estos materiales de ayuda durante los ensayos. De esta forma, sabrás manejarlos durante tu intervención y evitarás sorpresas de última hora.

El peligro de estas ayudas es que sirvan más para distraer que para reforzar tu intervención. No olvides que lo verdaderamente importante es lo que tú vas a decir, y todo lo demás o sirve para ilustrar, realzar y hacer más agradables tus palabras o puede llegar a ser un estorbo. Esto es algo que deberás tener presente a la hora de preparar materiales o de elegir los dispositivos tecnológicos que vas a utilizar en tu exposición.

10

SÉ AGRADECIDO

Recuerda que el final de tu discurso es tan importante como el comienzo. Finalízalo de una forma breve, ingeniosa e impactante, si es posible invitando a la reflexión. No se trata de volver a repetir, sino de sintetizar tu discurso en dos o tres minutos. Tal como iniciaste la conferencia con una cita, una pregunta o alguna anécdota, lo ideal es acabarla con otra para reforzar tu mensaje.

Termina siempre con una despedida adecuada, agradeciendo a tu audiencia su presencia y la atención prestada. Es la señal que llega al público y les indica que has acabado y pueden aplaudir. Retírate pausadamente antes de que los aplausos (si los hay) terminen, y recuerda que a veces los pequeños gestos pueden llegar a ser los más importantes, así que nunca los descuides.

Al finalizar tu intervención, independientemente de cómo haya resultado, dedica algunos minutos a realizar un autoanálisis constructivo. Si lo haces, seguro que identificarás muchos aspectos positivos en tu actuación que tu público también habrá sabido valorar, pero también descubrirás algunos otros que deberás tratar de mejorar en futuras intervenciones.

Capítulo 3

"Claves para el éxito personal y profesional"

IDEAS IMPORTANTES

4

Cualidades de un buen orador

"Un ser sin pasiones es como un candil apagado; no produce humo, pero tampoco alumbra"

— A. Casal Castel —

Hablar en público implica mucho más que situarse frente a una audiencia con un micrófono a leer fichas o señalar con un puntero láser a una diapositiva. A todos nos gusta escuchar a un orador con habilidades extraordinarias para comunicar un mensaje. Incluso recordamos durante semanas, meses e incluso años a aquellos que nos han impactado con su naturalidad y buen hacer.

Los oyentes esperan aprender algo. No tiene por qué ser algo necesariamente nuevo, puede ser una manera diferente de enfocar un tema o una forma original de plantearlo. Lo que está claro que no quieren es perder el tiempo, escuchando más de lo mismo y, además, de la misma manera.

Un buen orador ha de tener en cuenta las expectativas de su público y pronunciar un discurso capaz de deleitar, de mantener la atención de su audiencia de manera activa mediante los gestos, la voz, la actitud y, sobre todo, un lenguaje apropiado.

Si quieres saber cuáles son las cualidades más destacadas en un buen comunicador, lee atentamente las siguientes páginas.

1

PASIÓN

Un enorme porcentaje del éxito de un buen orador tiene que ver con su capacidad para generar emociones. Una persona apasionada transmite pasión, y ese entusiasmo inspira a los demás, quedando asociado al contenido que transmite. Por el contrario, un orador frío y distante, una persona que no cree en su discurso, no puede convencer ni emocionar a nadie. Si lo que dice es aburrido para él, ¿cómo no va a aburrir al público?

> **"Un buen orador sabe que un discurso sin emoción no conmueve"**

El orador siempre debe dar la impresión de que lo que habla le interesa a él personalmente, y por esto requiere la atención y el tiempo de las personas que lo escuchan. Este interés del propio orador se expresa principalmente por medio de su actitud, de su cuerpo y de la manera en que utiliza su voz.

Su lenguaje corporal debe transmitir esa sensación, poniendo especial cuidado en aquellos gestos y posturas que puedan indicar lo contrario, como la forma de moverse, sentarse o de mirar.

¿Y tú? ¿Estás dispuesto a desarrollar esa pasión que necesita tu discurso para llegar eficazmente a tu público?

2

PREPARACIÓN

Decía una sentencia romana: "Domina el tema y brotarán las palabras". El orador que desee conectar con su público y tener éxito en sus discursos debe dominar aquello de lo que habla, y para ello es necesario haberlo preparado con minuciosidad y dedicación. Su audiencia sabrá apreciar su esfuerzo y dominio del tema.

**"Si tus ideas están claras,
las palabras nunca te faltarán"**

3

PERSONALIDAD Y NATURALIDAD

La personalidad es el conjunto de rasgos que configuran la manera de ser de una persona y la diferencian de las demás (su forma de pensar, de actuar, de hablar, de escribir, de vestir...).

Todos tenemos nuestra propia personalidad, aunque es muy común que, debido al nerviosismo o al miedo a hablar en público, esta se diluya sensiblemente al pisar un escenario, sobre todo en nuestras primeras intervenciones. Este fenómeno apenas afecta a los grandes oradores, ya que estos han aprendido a base de mucha experiencia a controlar ese miedo escénico que tanto nos preocupa a todos los demás.

Además de su capacidad para controlar y dominar esta situación, los buenos oradores se caracterizan por su autenticidad y naturalidad. Así que, si quieres convertirte en unos de ellos, mi consejo es que seas tú mismo, no trates de imitar a nadie y descubras todo tu potencial. No intentes cambiar el tono natural de tu voz ni emplees frases o palabras rebuscadas solo con el fin de impresionar o deslumbrar a quienes te escuchan. Conviene que te expreses con sencillez y, además, que huyas de la arrogancia, el lucimiento personal, las actitudes solemnes y las poses estudiadas (artificiales). Si algo se agradece de los buenos oradores es su sencillez y autenticidad.

4

CONEXIÓN Y EMPATÍA

El buen orador siempre procura descubrir cuáles son los puntos clave con los que crear vínculos afectivos y emocionales con el público al que va dirigido su discurso, y para lograrlo es esencial que sepa muy bien cómo es la audiencia. No es lo mismo hablar en una empresa o en una universidad que en la asamblea de tu comunidad de vecinos.

Otra cualidad imprescindible en un experto en comunicación interpersonal es la empatía, la capacidad para ponerse en el lugar del otro e identificarse con los sentimientos de otras personas.

Este es un hábito que se cultiva y se va interiorizando lentamente, de ahí que haya que ponerlo en práctica de manera constante hasta que se convierta en un rasgo propio de nuestra personalidad.

5

CREATIVIDAD

Se puede ser un buen orador sin ser creativo, pero para hablar en público como los grandes ponentes es indispensable una buena dosis de creatividad (capacidad de crear, de inventar, de tener iniciativa para algo).

Los oradores que carecen de esta facultad se limitan a hablar y exponer su discurso. En cambio, un orador creativo es capaz de transmitir el mismo mensaje utilizando para ello diferentes recursos: el humor, la improvisación, la interacción con el público...

CLARIDAD

Para hablar en público como un gran orador es importante omitir el lenguaje confuso, vulgar, o con una terminología demasiado técnica. Además, es recomendable usar metáforas que ayuden a recrear una idea en la mente de los asistentes y mantener, al mismo tiempo, un discurso simple utilizando frases cortas fáciles de entender.

"El que sabe pensar pero no sabe expresar lo que piensa está al mismo nivel del que no sabe pensar"

— Pericles —

Los comunicadores expertos saben que a la gente le gusta escuchar mensajes claros y directos que puedan entender fácilmente, por eso nunca utilizan un lenguaje rebuscado ni demasiado técnico. Son conscientes de que si lo hacen, el público desconectará inmediatamente. ¿De qué les sirve utilizar un lenguaje excesivamente técnico si nadie lo va a entender?

**"Una buena intervención
es la que logra
hacer fácil lo complicado"**

7

SEGURIDAD Y CONFIANZA

El buen orador no debe tener miedo al ridículo o a equivocarse. Cualquier persona puede cometer un error. Es algo que forma parte del juego. Además, hay que ser consciente de que no existe la presentación perfecta. Cada ponencia es una nueva aventura y es importante para nuestra tranquilidad mantener a raya al juez que todos y cada uno de nosotros llevamos en nuestro interior.

Los grandes oradores tienen una gran confianza en sí mismos y saben asumir las críticas por muy malas que sean. Son conscientes de que el éxito al hablar en público depende fundamentalmente de las opiniones de los demás, pero, al mismo tiempo, entienden que no se puede ir por la vida cuidándose del qué dirán.

8

EXPRESIVIDAD

Hablar en público requiere realizar numerosas variaciones en el discurso, en el volumen y en la velocidad. Los oradores más prestigiosos generan discursos brillantes modulando su voz para acentuar el mensaje y generar emociones, coordinando sus gestos, su movimiento corporal, subiendo y bajando el volumen, y haciendo pausas o silencios cortos al iniciar o terminar una frase.

9

IMAGEN PERSONAL

Nuestros gestos, ademanes y movimiento corporal hablan por nosotros, pero también nuestra imagen (vestimenta, peinado, higiene personal…). Es nuestra tarjeta de presentación y con ella establecemos la forma en que queremos que nos vean los demás. Una buena imagen dice más que mil palabras y eso lo sabe un buen orador; primero, porque eleva su percepción de valía y autoridad, y segundo, porque le otorga distinción.

Así que, ya sabes, cuando vayas a hablar en público dedica parte de tu tiempo a cuidar tu imagen personal y tu indumentaria, que siempre debe adaptarse a la clase de discurso que vayas a realizar y al público al que vaya dirigido.

La vestimenta es indicativa de la imagen que quieres dar. Por ello te recomiendo que utilices los colores más adecuados y el estilo más acorde con tu personalidad. No debe parecer que te hayas vestido para la ocasión ni destacar por lo exagerado de tu atuendo. Si quieres transmitir una imagen positiva de ti mismo ante los demás, apuesta por la elegancia y la sencillez. No te equivocarás.

Capítulo 4

"Cualidades de un buen orador"

IDEAS IMPORTANTES ✓

5

Secretos de la comunicación no verbal

"Habla para que te conozca"

— Sócrates —

Los seres humanos nos comunicamos continuamente y para ello no utilizamos únicamente las palabras. Nuestra forma de vestir, nuestra mirada y nuestros gestos son fuentes de información. Una mirada, por ejemplo, puede invitar al acercamiento o puede expresar ira, rechazo, extrañeza, miedo...

La comunicación no verbal es el conjunto de gestos, posturas y miradas que utilizamos, consciente o inconscientemente, para expresar estados de ánimo o sentimientos (seguridad, confianza, optimismo, duda, sorpresa...).

Un discurso tiene que realizarse no solo ante los oídos de quienes nos escuchan, sino sobre todo ante sus ojos. Las personas prestamos mucha atención a los gestos y ademanes que hace la persona a quien escuchamos, sea este un amigo, un profesor, un entrenador, un político... Por esta razón, el buen orador debe esforzarse en dominar la comunicación no verbal. Su rostro, sus manos y su cuerpo en general han de actuar conforme a lo que se dice y teniendo presente a quién se dirige su discurso.

Los rostros inexpresivos, las manos escondidas o las posturas forzadas ejercen el efecto contrario a lo que pretendemos y causarán aburrimiento o rechazo en quienes nos ven. Este aspecto, tradicionalmente descuidado, lo vamos a tratar en las siguientes páginas. Presta mucha atención y recuerda que deberás poner en práctica todo lo que aprendas.

Al hablar de la comunicación no verbal nos referimos a tres áreas de estudio diferentes:

- Paralingüística: Es la parte del estudio de la comunicación humana que se interesa por los elementos que acompañan a las emisiones propiamente lingüísticas, como, por ejemplo, el tono empleado, la velocidad de emisión de los enunciados, la intensidad o el volumen de la voz, las pausas y los silencios...

- Kinésica: Estudia el significado expresivo de los movimientos corporales y de los gestos (cruzar las piernas, fruncir el ceño, entrelazar las manos, etc.) en el contexto de la situación comunicativa. También es conocida con el nombre de comportamiento kinésico o lenguaje corporal. Conocer y dominar este lenguaje es primordial en la comunicación.

- Proxémica: Este término fue introducido por el antropólogo Edward T. Hall[6] en 1963 para describir las distancias medibles entre las personas mientras estas interaccionan entre sí.

Seguramente alguna vez hayas tenido la desagradable sensación de que alguien estaba invadiendo tu espacio. Como ya sabrás, todos tenemos un espacio vital mínimo, una distancia invisible alrededor de nosotros mismos que consideramos propia y que, salvo en las ocasiones de intimidad con otra persona, no nos agrada que nadie traspase.

---

[6] En su libro *The Hidden Dimension*, T. Hall describe las dimensiones subjetivas que rodean a alguien y las distancias físicas que uno trata de mantener con otras personas de acuerdo a reglas culturales muy sutiles.

No todos nos sentimos cómodos a la misma distancia. Es algo que depende fundamentalmente de dos factores: la cultura y la educación ambiental recibida. Por ejemplo, alguien que haya sido educado en una gran ciudad y que esté acostumbrado a viajar en autobús o en metro es normal que no se sienta tan intimidado por la proximidad corporal durante una conversación. Sin embargo, una persona que haya sido educada en el campo, para sentirse cómoda necesitará mucho más espacio. Entenderá el acercamiento como una invasión de su espacio vital.

Más allá de las apariencias, la comunicación no verbal nos permite saber lo que pueden estar pensando realmente las personas, mejorar las relaciones personales e incluso predecir comportamientos futuros. Si al observar sus gestos, entendemos que las personas que tenemos enfrente están atentas a nuestro mensaje, podremos exponerlo mejor. Si no es así y alguno de nuestros interlocutores mantiene, por ejemplo, una posición de brazos cruzados, sabremos que no está receptivo a nuestro mensaje. En ese caso, deberemos utilizar alguna herramienta de comunicación efectiva para convertir ese rechazo en una actitud receptiva.

Una buena estrategia para forzar un cambio en nuestro interlocutor puede ser acercarnos a él y pedirle su opinión sobre alguna de las cuestiones planteadas en nuestro discurso. Al hacerlo, posiblemente modifique su postura corporal y con ello su actitud ante nuestro mensaje.

EL ROSTRO

Se dice que la cara es el espejo del alma y lo cierto es que el rostro es la más importante fuente de información sobre una persona. Es la parte del cuerpo que se encuentra más accesible visualmente (hablando de nuestros interlocutores). Normalmente, el conjunto de rasgos faciales es en lo primero que nos fijamos al entablar una conversación con alguien. Los ojos, las facciones, el pelo, el gesto... nos permiten descifrar su personalidad y nos señalan el estado emocional de esa persona, nos dice quién es y cómo está.

En la comunicación cotidiana utilizamos las expresiones de nuestro rostro para magnificar, minimizar o enfatizar la conversación. Si queremos decir algo negativo, lo suavizamos con una sonrisa. Si alguna persona desea demostrar sorpresa, deja caer la mandíbula y se mantiene con la boca abierta. En ocasiones, las cejas pueden comunicar que estamos confundidos; si sacamos la lengua o nos mordemos los labios estamos diciendo que estamos nerviosos; el ceño fruncido transmite sensación de enojo, enfado o preocupación.

Estas últimas expresiones de nuestro rostro debemos evitarlas a toda costa, ya que crean un ambiente de rechazo inconsciente hacia nosotros y, por tanto, hacia nuestro discurso.

Llegados a este punto, te pediría que realizaras el siguiente ejercicio frente al espejo, intentando reflejar con tu rostro las siguientes emociones: cólera, tristeza, miedo, sorpresa, felicidad, disgusto y alegría. Una vez que lo hayas realizado, intenta identificar estas expresiones faciales en otra persona.

Es evidente que el rostro actúa como un canal a través del cual informamos sobre nuestra personalidad, los estados emocionales, la sensibilidad y lo que se desea, favoreciendo o clausurando canales de comunicación. Por esta razón, si te presentas ante un público, tu rostro debe reflejar el deseo de interactuar y el interés por comunicar. Si no lo haces, no lograrás captar su atención y tu discurso perderá toda su fuerza.

Y, sobre todo, nunca olvides sonreír. Al poner una sonrisa en tu rostro, transmites que te agrada lo que estás haciendo. Además, es un elemento que facilita que las otras personas empaticen contigo. Por esta razón, te recomiendo que aparezcas normalmente con un semblante agradable. Evidentemente, hay ocasiones que exigen seriedad, pero la amabilidad nunca debe estar ausente.

"Sonreír es bueno, pero no todas las sonrisas son iguales"

La sonrisa es una de las herramientas más importantes que tenemos para generar confianza y mejorar la comunicación, por lo que debe acompañarte en todos tus actos cotidianos, no solo cuando te dirijas a un auditorio más o menos numeroso.

Una persona sonriente fomenta un clima de optimismo y confianza en sí misma y en su discurso, y logra, además, crear un clima relajado y receptivo. Mi consejo es que mantengas siempre una sonrisa cordial, espontánea y sincera. Tu discurso y tus oyentes te lo agradecerán.

¿Quieres saber cuáles son los principales beneficios que te puede aportar el simple hecho de sonreír? Léelos con atención y, después, dedica unos minutos a plantearte si vale la pena o no poner una sonrisa en tu vida.

- Mejora la capacidad comunicativa, la memoria[7] y facilita las relaciones con los demás.
- Baja el nivel de estrés y el ritmo cardiaco.
- Permite generar una mayor confianza y credibilidad.
- Tiene un efecto contagio entre quien o quienes están a tu lado, haciendo que ellos sonrían también, y, por tanto, se sientan mucho más a gusto en tu compañía.
- Provoca que la expresión facial resulte mucho más agradable. Las personas que sonríen son percibidas como amables, cordiales y felices.
- Abre puertas a nivel personal y profesional.

Un último consejo antes de finalizar este apartado: no olvides que la sonrisa ha de ser oportuna. Estar permanentemente sonriendo produce un efecto negativo, ya que puede ser interpretado como un claro síntoma de irresponsabilidad e inmadurez, y no es esta la impresión que te gustaría causar en tu público, ¿verdad?

"El hombre cuya cara no sonríe, no debe abrir una tienda"

— Proverbio chino —

---

[7] Investigadores de la Universidad de Loma Linda (California, Estados Unidos) han demostrado que la sonrisa, al ser un poderoso antídoto contra el nerviosismo y el estrés, reduce los niveles de cortisol y, por tanto, ayuda a nuestras funciones cognitivas, especialmente a la memoria.

LAS MANOS

Los brazos y, sobre todo, las manos son de singular importancia para los oradores por su gran expresividad. Al principio del discurso no se sabe muy bien qué hacer con ellas, pero a medida que avanza, si el orador está metido en su discurso, el movimiento de las manos y los brazos le ayudará en su intervención.

"Por medio de las manos entramos a la mente y al corazón"

Si los ojos son el espejo del alma, las manos son los vehículos que transportan la fuerza de sus palabras. Son las acompañantes naturales de la palabra. Hay que actuar con las manos como si fueran compañeras, por lo que no deben estar separadas de lo que se pretende decir. Toma nota de las siguientes recomendaciones:

- Las manos en forma de ojiva (juntando los dedos y formando un triángulo) proyectan seguridad, autoridad y gran conocimiento del tema. Esta posición es ideal para los primeros segundos del discurso, que es cuando generalmente no sabemos muy bien qué hacer con nuestras manos.

- El gesto de exhibir las palmas de las manos se ha asociado siempre con la verdad, la honestidad, la tranquilidad, la lealtad y la confianza. En cambio, cerrar los puños transmite violencia y ocultación, crispación y nerviosismo.

La mano se levanta con la palma hacia afuera cuando alguien declara en un juicio; ante los miembros del tribunal la Biblia se sostiene con la mano izquierda y se levanta la palma derecha. En la vida cotidiana, la gente usa dos posiciones fundamentales de las palmas: una es la de las palmas hacia arriba, y la otra es la de las palmas hacia abajo como si se tratara de contener, de mantener algo.

Cuando alguien desea ser franco y honesto, levanta una o ambas palmas hacia la otra persona y dice algo así como: "Voy a serle sincero". Si lo que intenta es mostrar confianza, le expondrá las palmas de las manos. Es un gesto que proporciona al que lo ve la sensación o el presentimiento de que están diciéndole la verdad.

- Un gesto muy común para expresar nuestros sentimientos es llevarnos las manos al pecho; sin embargo, la característica que lo hace auténtico es la lateralidad. Siempre y cuando se ejecute con la mano izquierda, será un claro indicio de que es un gesto sincero.

- Seguramente habrás oído hablar del gesto de la pinza. Lo utilizan con mucha frecuencia los presentadores de televisión, los políticos y los oradores profesionales para hacer alguna precisión durante el transcurso de sus discursos.

- Puede que no sepas qué hacer con las manos cuando hables en público, pero si optas por mantenerlas a tu espalda, debes saber que esta posición proyecta autoridad, y en un sentido negativo, desconfianza y alejamiento. No es conveniente que abuses de ella. Evita también que cuelguen sin más. Hacerlo produce la impresión de pasividad e incluso de falta de preparación.

- Colocar los brazos en jarras sobre las caderas es un gesto vulgar, arrogante y hostil que deberás evitar a toda costa. También te recomiendo que no cruces los brazos sobre el pecho. Cuando una persona tiene una actitud defensiva, negativa o nerviosa, cruza los brazos y muestra así que se siente amenazada.

Si, además de haber cruzado los brazos, la persona ha cerrado los puños, las señales son de defensa y hostilidad. Este grupo de gestos se combina a veces con el de los dientes apretados y la cara enrojecida. En ese caso, puede ser inminente el ataque verbal o físico.

- Tocarse el cuello, el pelo, la nariz o la ropa con las manos indica inseguridad y nerviosismo. Igualmente, las manos en los bolsillos muestran falta de interés y pasividad.

- Señalar a alguien con un dedo es un gesto duro y agresivo. Procura evitarlo, ya que puede llegar a generar un efecto muy desagradable en tu público. Utilizar este gesto es como hablarle a un desconocido de "tú", en vez de "usted", y al entrar tan rápido en una relación tan estrecha con la persona con la que hablas, probablemente estés invadiendo un espacio en el que normalmente no podrías entrar.

    A nadie le gusta que le señalen con el dedo. Cuando alguien lo hace, inconscientemente sentimos que nos está atacando y nos ponemos a la defensiva.

LA MIRADA

De todas las herramientas de las que disponemos para comunicarnos, la mirada es la más importante. Cuando miras a otra persona a los ojos le estás diciendo que te diriges específicamente a ella, que te importa y que estás atento a su respuesta, es decir, que estás dialogando con ella.

"Por su mirada supe que le gustaba"

Observar a tus oyentes es una de las claves para alcanzar el éxito. A través de gestos, ademanes y, sobre todo, miradas, el público muestra el efecto que les está causando tu discurso (desgana, emoción[8], desaprobación, aburrimiento...). Según sean las reacciones que adviertas, deberás plantearte dirigir el discurso en diversas direcciones: acortar, alargar, elevar la voz, realizar más pausas, silencios, etc. Así pues, nunca pierdas de vista a tu audiencia.

Mirar a los ojos de la otra persona cuando hablamos con ella o cuando la estamos escuchando quiere decir que le estamos prestando atención. Cuando lo hagas, mantén tu mirada (directa y franca, nunca desafiante) durante cuatro o cinco segundos (no más tiempo, ya que podría sentirse algo incómoda) en los ojos de la otra persona. De esta forma, conseguirás su atención, interés y reconocimiento.

Un consejo que deberías tener en cuenta: si algún oyente te formula una pregunta, escúchala siempre hasta el final, aunque se ex-

---

[8] La mirada también expresa emociones. Paul Ekman, profesor de psicología de la Universidad de California, ha detectado la participación de la mirada en la configuración de seis emociones básicas: la sorpresa, el miedo, el enfado, la rabia, la felicidad y la tristeza.

tienda demasiado. Luego, mira a quien la realiza (siguiendo las pautas que has leído en el párrafo anterior), pero cuando respondas, asegúrate de dirigir tu mirada no solo a él, sino también a todos los asistentes al evento.

Cuando estamos nerviosos e inseguros resulta complicado mantener los ojos fijos en nuestro interlocutor y él lo va a interpretar así. Bajar la mirada al suelo significa sumisión o timidez; llevar la mirada de un lado a otro, nerviosismo e inseguridad; mirar de lado, menosprecio; entrecerrar los párpados, sospecha o suspicacia.

Nuestros interlocutores interpretarán estas señales de forma inconsciente, provocando que sean más o menos receptivos, así que practica tu mirada siempre que puedas, porque, tal y como has leído al comienzo de este apartado, es uno de los elementos más importantes del lenguaje corporal y una herramienta muy poderosa en cualquier acto comunicativo.

Algunas de las funciones más importantes que se le atribuyen a la mirada son las siguientes:

1) Permite que enfoquemos la atención sobre una o varias personas.
2) Damos la palabra y la recibimos con el simple gesto de mirar.
3) Es una excelente fuente de información. Las personas miran mientras escuchan para obtener una información visual que complemente los otros tipos de información.
4) Permite expresar, completar e intensificar emociones.

Al hablar en público intenta dirigir tu mirada, en la medida de lo posible, a todos y cada uno de los asistentes (mirada de barrido) y, sobre todo, no les des nunca la espalda. Si lo haces, romperías el diálogo con tus oyentes y estos tenderían a desconectar, a relajarse y les resultaría mucho más difícil retomar la línea de tu discurso.

Por muy numerosa que sea tu audiencia, debes intentar mirar, de forma pausada pero continua, a todas las zonas de la sala. Las personas que te escuchan agradecen sentirse atendidas y reconocidas. Si dejas alguna parte del público sin atender, estos serán los que peor valoración hagan de tu charla.

> "Quien no comprende una mirada, tampoco comprenderá una larga explicación"
>
> — Proverbio árabe —

Aprovecha cualquier oportunidad que se te presente para entrenar esta habilidad. Puedes hacerlo cuando estés con tu familia, amigos, vecinos, compañeros de trabajo, etc.

LA APARIENCIA FÍSICA

Nuestra apariencia condiciona las impresiones que podemos causar en los demás, por eso es muy importante tener en cuenta nuestro aspecto, sobre todo, en el primer contacto que tengamos con el público. Recuerda que los primeros minutos de este encuentro son esenciales para captar su atención.

"El atractivo exterior ejerce una gran influencia en las primeras impresiones y expectativas de un encuentro"

Si bien es cierto que el hábito no hace al monje, los estereotipos o las primeras impresiones tienen gran importancia en la comunicación. Aunque no es determinante, la belleza exterior o el atractivo físico desempeñan un rol importantísimo en todos los encuentros personales y colectivos.

Al cuidar tu imagen personal estás demostrando respeto y consideración hacia el público, a quien no debes ofender con un aspecto descuidado o sucio. La persona limpia, aseada, bien presentable, atrae simpatías.

La ropa que usamos se puede cambiar a diario, pero no podemos cambiar nuestro rostro, cuerpo o cabello. Alguien bien acicalado tendrá buen aspecto con cualquier tipo de ropa, pero alguien desaliñado, con el cabello grasiento, tendrá mal aspecto incluso con el traje de diseño más caro. Cuidar estos detalles es barato y fácil de hacer una vez que lo incorporamos a nuestra rutina diaria.

En este sentido, es importante distinguir el estilo personal de nuestra vida privada del estilo profesional. Como ya sabes, en determinadas profesiones exigen una determinada indumentaria.

En el ámbito administrativo (en especial los profesionales que tienen contacto directo con el público) es muy importante la imagen personal. De la misma manera que al ver a una persona por primera vez nos formamos una imagen de ella, al ver a un profesional que representa a una empresa (pública o privada) nos hacemos una idea de dicha entidad.

Si bien se puede argumentar que cada uno es libre de vestir como desee, cuando alguien decide formar parte de una organización que tiene determinadas reglas, ha de aceptarlas. De hecho, determinadas organizaciones, empresariales y no empresariales, dictan normas más o menos concretas relativas a la apariencia personal.

Como norma general, no conviene destacar ni por exceso ni por defecto (no vayas demasiado elegante a una reunión informal o con un estilo desenfadado a una más o menos formal). Mi consejo es que utilices un atuendo y un aspecto acorde con las circunstancias, y teniendo siempre en cuenta el público al que te vas a dirigir. Como comprenderás, no es lo mismo dar una charla a altos ejecutivos de una empresa internacional que a una asociación de vecinos de un barrio marginal.

Esto lo saben muy bien nuestros políticos. Observa la indumentaria que utilizan cuando van a dar un mitin: chaqueta y corbata, chaqueta sin corbata, mangas de camisa, cazadora informal... Después, piensa qué tipo de electores son los que tratan de conseguir y comprobarás cómo han adecuado su forma de vestir y su discurso al perfil sociológico de sus votantes para lograr la identificación por afinidad, reforzando así su cercanía.

Antes de finalizar este apartado, me gustaría hablarte de un elemento que suele pasar desapercibido, pero que es muy importante: el calzado. Cuando estés hablando en público, utiliza un calzado con el que te sientas cómodo. Si no lo haces, estarás durante toda la intervención pensando en el dolor de pies y ansioso por terminar.

Y, por supuesto, nunca, repito, nunca estrenes unos zapatos nuevos el día de tu discurso. No te la juegues y apuesta por lo seguro.

EL MOVIMIENTO CORPORAL

El buen orador aprovecha el espacio, se mueve por él con soltura y lo hace de forma tranquila y pausada. Caminar nos hace más creativos y tener más ideas. De hecho, la mayoría de las personas piensan mejor cuando se mueven y caminan.

A continuación puedes leer algunos consejos con los que lograrás captar la atención del público:

- Tu postura ha de ser, en todo momento, erguida, con la espalda y la cabeza rectas, mirando de frente, y con el mentón levantado. De esta forma, enderezarás la espalda y los hombros y proyectarás tu voz mucho mejor. Eso sí, procura no levantarlo en exceso, ya que podrías parecer una persona altiva y, por tanto, distante.

Intenta mantener una postura relajada, pero sin denotar pasividad. Reparte el peso de tu cuerpo en ambas piernas dejando que tus pies se apoyen con firmeza en el suelo e intenta que no se muevan con nerviosismo.

Aunque la postura sentada es más confortable, sin embargo, es algo menos expresiva y puede ocasionar una menor concentración.

Si, por cuestiones de protocolo, vas a pronunciar tu discurso sentado, ten cuidado con los objetos (bolígrafos, micrófonos, vasos...) que pueda haber a tu alrededor. Que no sirvan para distraer la atención de tu público. Si puedes, retíralos y habla sin nada delante.

- Evita el inmovilismo. Estar parado en un solo lugar significa que te importa únicamente el público que tienes enfrente, no el de los laterales. Camina lentamente de un extremo a otro del escenario para atender a las personas de esas áreas, siempre y cuando no lo hagas de manera excesiva.

"El movimiento es necesario, pero en su justa medida"

Divide de forma imaginaria la audiencia en tres zonas, por ejemplo, centro y laterales. Desplázate y da la charla atendiendo cada una de ellas.

Si tienes que dirigirte a alguien situado a tu derecha o a tu izquierda, gira todo tu cuerpo hacia él y míralo de frente. De esta forma, le harás sentir que es el centro de atención, que te importa como persona y lo que está diciendo.

- No camines de un lado a otro sin un propósito. Cuando caminas hacia adelante creas intimidad, así que avanza al frente únicamente cuando tengas algo importante que decir.

- No camines hacia atrás. Al hacerlo creas una sensación negativa en la audiencia y se percibe como si quisieras huir o esconder algo.

- No te balancees hacia adelante y hacia atrás; distraerás a los asistentes.

- Si entre los oyentes hay alguien que está despistado o que habla mientras estás pronunciando tu discurso, acércate a él. Con esta acción conseguirás que vuelva a prestarte atención.

LOS GESTOS

Cuando movemos la cabeza hacia abajo y hacia arriba verticalmente estamos afirmando o asintiendo, y cuando lo hacemos horizontalmente hacia los lados, negando. Cuando aplaudimos es señal de aprobación. Al despedirnos movemos la mano derecha, al levantar la mano pretendemos llamar la atención y pedir la palabra, bajar los pulgares es señal de desaprobación… Todos estos gestos son muy comunes en nuestra vida cotidiana, sobre todo al comunicarnos con los demás.

Una persona que no gesticula se muestra fría y distante, porque no participa afectivamente de la situación ni del contenido. Es como si su mente estuviera ausente. De la misma manera, una gesticulación excesiva puede resultar abrumadora y cansina, incluso agotadora. Como en todo, debe regir el principio de naturalidad.

"Gesticula con naturalidad e impregna de emoción tu discurso"

Los gestos que realices al hablar en público deben ir acorde con tus palabras y ser coherentes con el mensaje que quieres transmitir, y no solo los gestos, también debes controlar tus expresiones faciales. Hablar de alegría sin una sonrisa o hablar de sorpresa sin levantar las cejas no tiene mucho sentido, ¿verdad? Por esta razón, si entrenas tus gestos y tus expresiones faciales, comprobarás cómo con un poco de práctica se integrarán en tu forma habitual de estar frente al público.

Tocarse la cara, taparse la boca, rascarse la cabeza, mirar el reloj continuamente o ajustarse la ropa son gestos que debes evitar a toda costa. Denotan incomodidad, duda e inseguridad.

LA VOZ

"Ten en cuenta más la forma en que algo se dice que lo que se dice"

La voz es el principal instrumento para hablar en público. Mediante ella decimos lo que queremos, pero también sirve para expresarlo de una manera u otra, para dar énfasis o para emocionar. Por ello es muy importante que aprendas a utilizarla.

Si eres una persona que tiene que hablar mucho en público, conviene que aprendas algunas técnicas de respiración y fonación, gracias a las cuales mejorarás tus capacidades vocales físicas y expresivas, evitarás dolores de garganta, afonías, problemas con las cuerdas vocales, etc. Una vez que aprendas estas técnicas, deberás prestar especial atención a la correcta dicción y, finalmente, a la expresión con tu voz de sentimientos, emociones y de todo lo que con ella se puede hacer.

Las que te indico en las siguientes líneas son algunas recomendaciones para mejorar tu capacidad vocal física y expresiva:

- Inspira tranquilamente antes de hablar.
- Evita los esfuerzos respiratorios.
- No hables en lugares con mucho ruido (discotecas, conciertos…) o, al menos, no eleves el tono de voz hasta gritar.
- Intenta, siempre que puedas, hacer reposo vocal.
- Duerme, descansa bien y haz ejercicio de forma habitual. Como el resto de tu cuerpo, tu voz responde mucho mejor si has descansado lo necesario.
- Evita los lugares con humo, polvo, ambientes secos o demasiado húmedos (sobre todo si tienes alergias). Todas estas condiciones afectan al aparato respiratorio y, por lo tanto, también al fonador.
- Evita los cambios drásticos de temperatura.
- Bebe agua abundante y no abuses del alcohol.
- Procura no beber bebidas frías o muy calientes.
- Evita el carraspeo y la tos brusca. Pueden dañar tu laringe y tus cuerdas vocales.

LA RESPIRACIÓN

La respiración desempeña un papel esencial en la comunicación oral. Es preciso que aprendas a respirar correctamente para proyectar, modular o intensificar la voz según te convenga. El control del aire y la posibilidad de expulsarlo a uno u otro ritmo te permitirá no solo controlar las pausas a la hora de expresarte, sino, además, aliviar, disminuir e incluso suprimir el pánico escénico.

De las diferentes modalidades de respiración, la más adecuada es la respiración diafragmática nasal, la cual implica la introducción de aire en los pulmones de manera que se expanda el estómago y no el pecho.

Esta es la forma de respirar característica de los niños. Si observas con atención su respiración, observarás cómo al tomar el aire se les infla el vientre y al soltarlo se desinfla. Si tu respiración no es diafragmática, debes empezar a pensar en cambiarla. Si lo haces, conseguirás mejorarla y controlar el aire que inspiras y espiras.

Para lograrlo te recomiendo que realices periódicamente un par de ejercicios muy sencillos:

1) Tumbado, colócate un libro algo pesado por encima del ombligo. Al respirar, el libro deberá subir y bajar sin desplazarse hacia los laterales.

2) Enciende una vela y sitúala frente a ti a unos 20 cm de distancia. Sopla sin que se apague la llama, pero haciendo que esta oscile. Repite este ejercicio retirando la vela 10 cm más allá, y así sucesivamente hasta que esté a unos 50 cm. Recuerda que no debes apagar nunca la llama, pero sí hacer que oscile.

Con la realización de estos ejercicios tu respiración irá siendo cada vez más lenta y menos forzada. Al principio es posible que necesites un mayor esfuerzo y concentración, e incluso puede que te sientas cansado. No te preocupes, es algo muy normal. Con la práctica llegarás a realizarla de una forma casi automática.

"Aprender a respirar adecuadamente es esencial"

LA DICCIÓN

Al pronunciar tu discurso debes hacerlo con una correcta dicción. Se tiene que entender todo lo que dices, desde la primera hasta la última sílaba. Para ello deberás controlar tanto la claridad en la vocalización como la velocidad.

Una locución clara, precisa y bien definida son esenciales. Si tu audiencia tiene que estar interpretando lo que dices, dejará de interesarse por el contenido de tu mensaje, se cansará y desconectará a los pocos minutos. Debes ser consciente que cuando hablas en público lo haces dirigiéndote a todo tipo de personas, sin importar el extracto social o geográfico, por lo que cuanto más depurada sea tu dicción, mayor alcance tendrá tu discurso.

Los malos hábitos al hablar se acumulan desde la niñez, por eso suele resultar tan complicado mejorar la dicción. A continuación te propongo algunos ejercicios que puedes realizar para conseguirlo:

- Dedica unos minutos diarios a leer en voz alta e intenta hacer voces diferentes, pero siempre con la máxima inteligibilidad. Asegúrate que las vocales suenan con claridad.

- Practica con los trabalenguas. Si trabajas con frases que son difíciles de pronunciar, las encontrarás más fáciles de decir al practicarlas día a día.

- Aprende a hablar de forma pausada y no trates de hablar demasiado rápido.

- Lee textos, grábalos, escúchalos y, finalmente, mide tu nivel de progreso. Luego, trata de corregir los fallos que detectes.

- Recita del uno al veinte desde actitudes muy diversas (triste, enfadado, alegre, temeroso, sorprendido, etc.).

- Y, por supuesto, fíjate muy bien cómo hablan los oradores más prestigiosos.

Además de una correcta dicción, un segundo factor que debes tener en cuenta a la hora de hablar en público es la velocidad de tu discurso.

Una excesiva rapidez dificulta la comprensión de lo que se va diciendo, dando la impresión de nerviosismo. Por su parte, una lentitud extrema conduce al aburrimiento más absoluto.

Siendo esto así, procura ajustar la velocidad de tu discurso para facilitar la correcta recepción de tus palabras y frases sin que suponga esfuerzo alguno para tus oyentes.

Seguro que en más de una ocasión habrás comprobado que algunos oradores se expresan frenéticamente, mientras otros son más pausados al hablar. Sin importar cuál sea tu estilo y velocidad al hablar en público, la pronunciación y modulación de tus palabras debe ser siempre impecable. No lo olvides.

Un último consejo antes de continuar con el siguiente apartado: si necesitas beber agua durante tu intervención, hazlo sin disimulos, con naturalidad, especialmente si notas la garganta o la lengua secas, ya que podrían afectar seriamente a la dicción.

"Una correcta dicción es esencial para comunicar de forma eficaz"

LA MODULACIÓN

Modular es variar de modo en el habla, dando con afinación y suavidad los tonos correspondientes. Las emociones que se transmiten con el tono de voz adecuado calan en la audiencia y son recordadas. Si utilizas el mismo tono de voz o vas a mantener el mismo volumen durante tu intervención, cansarás a tu público. Conseguirás que se aburra y notarás que empiezan a conversar entre sí o a mirar hacia otra parte. Esta es la señal de alerta para que modules tu voz. Para practicar la modulación de tu voz te propongo el siguiente ejercicio: elige un texto cualquiera y léelo en voz alta utilizando diferentes entonaciones:

- Un tono íntimo.
- Un tono seductor.
- Un tono dramático.
- Un tono cansado.

"Las palabras pueden ser como los rayos X. Si se emplean adecuadamente, pasan a través de todo"

— Aldous Huxley —

Es cierto que las palabras poseen fuerza, pero depende sobre todo de la forma en que las digas. Te recomiendo que empieces con una modulación suave, respetuosa. Después, poco a poco, ve incorporando energía y fuerza a tu discurso aumentando el volumen.

Ahora bien, llegado el momento, es necesario que relajes al público bajando de nuevo la voz. Si no le concedes un descanso por medio de la modulación de tu voz, no conseguirás su atención más allá de unos pocos minutos.

Las palabras pueden ser un regalo para el auditorio, y para ello, tal y como te he explicado en el apartado anterior, es necesario mejorar la dicción y que la vocalización sea lo más correcta posible. No deben salir a borbotones ni atropelladas ni a regañadientes, como si nos costara esfuerzo articularlas.

Utilizar el tono, la intensidad, la velocidad y el volumen adecuados te permitirá expresar con mayor claridad y precisión tus ideas y emocionar (impactar, seducir, cautivar, fascinar...) a tu público.

Ahora que ya tienes muy clara la teoría, quisiera recomendarte un ejercicio muy sencillo para que mejores tu vocalización: colócate un lápiz (de tamaño normal, no como el de la imagen) entre los dientes durante unos cinco o diez minutos y lee en voz alta un pasaje de un libro. Trata de vocalizar lo mejor que puedas. Seguramente te sentirás torpe y es muy posible que no se te entienda bien, pero estarás aprendiendo a vocalizar mejor.

Cuando te quites el lápiz y vocalices de nuevo, comprobarás cómo ha mejorado tu capacidad para articular las palabras. Con este ejercicio perfeccionarás tu dicción, aprenderás a pronunciar los sonidos desde el diafragma y evitarás que se inflamen tus cuerdas vocales.

Capítulo 5

"Secretos de la comunicación no verbal"

IDEAS IMPORTANTES

6

Cómo diseñar una presentación visual

1

PRIMERAS RECOMENDACIONES

Hoy en día nadie duda del poder de la imagen y de su importancia como herramienta para comunicar, matizar y reforzar cualquier discurso, charla o ponencia. Sin embargo, a la hora de apoyar una presentación con imágenes, deberías tener en cuenta algunas consideraciones generales. De momento te dejo tres de ellas. El resto las irás descubriendo en las siguientes páginas.

La primera y más importante es que la presentación gráfica que elabores no ha ser otra cosa que una ayuda, un soporte más que te permita mejorar la calidad de comunicación con tu audiencia. No puede ni debe restarte protagonismo. Esta idea te la volveré a recordar más adelante, porque es algo que la mayoría de los ponentes suelen olvidar con frecuencia. Espero que tú no lo hagas.

Una segunda consideración: si tienes pensado utilizar diapositivas para apoyar tu intervención, evita mirarlas dando la espalda a los asistentes e intenta mantener tu mirada dirigida solo al público. Si has ensayado previamente tu presentación, sabrás perfectamente en qué diapositiva te encuentras.

En tercer lugar, sería conveniente que hicieras algunas pequeñas comprobaciones. La primera, si vas a necesitar internet para tu presentación, es que te asegurares que funciona correctamente. Comprueba también si vas a tener que utilizar un micrófono o si basta con tu voz para que todo el mundo te pueda oír. Una voz bien entrenada puede oírse con facilidad en una sala bastante grande; sin embargo, puedes necesitarlo en espacios abiertos o salas excesivamente grandes. Si es este el caso, presta atención a los consejos que te ofrezco en las siguientes líneas:

- Entrénate antes. El uso del micrófono requiere una cierta preparación. Es muy común en personas poco entrenadas girar la cabeza hacia un lado y la mano que sujeta el micrófono hacia otro, con lo que este deja de oírse correctamente e incluso llegan a producirse ruidos molestos.

    Trata de adecuar la distancia entre el micrófono y tu boca. Si lo pones demasiado cerca, algunos sonidos pueden escucharse mal.

    Probar el micrófono te asegura que la sonoridad de la sala es la correcta, que no existen acoplamientos, ecos ni reverberaciones que dificulten la comunicación.

- Si el micrófono que vas a utilizar está fijo en una mesa, en un trípode o en un atril, procura siempre que no te tape la cara para que el público te pueda ver sin dificultad.

2

EL MEJOR PROGRAMA

PowerPoint, Emaze, Genially, Powtoon, Haiku Deck o Prezi son algunas de las aplicaciones más interesantes que puedes utilizar para realizar tus presentaciones visuales.

Mi consejo es que utilices aquella aplicación con la que te sientas más cómodo y que, al mismo tiempo, te permita transmitir mejor el contenido de tu mensaje. Eso sí, procura que tu presentación sea simple y discreta. No conviene que uses demasiadas diapositivas ni que estas se muestren a gran velocidad.

Lo primero que deberás diseñar es el contenido de la primera diapositiva. Es tu tarjeta de presentación, así que dedícale el tiempo que necesites hasta que estés plenamente satisfecho con el resultado final. Después de la impresión que causes con tu entrada, y tal vez con el primer saludo, el siguiente mensaje es el que se transmite con esta primera diapositiva.

3

SÉ PRECAVIDO

En este tercer apartado te propongo una serie de pautas a seguir para que, llegado el momento, no te encuentres con alguna sorpresa de última hora que pueda aumentar tu ansiedad y arruinar tu intervención:

- Si has realizado tu presentación visual con PowerPoint y has utilizado algún tipo de letra especial, lleva en un pendrive los archivos correspondientes. Necesitarás instalarlos si vas a utilizar un ordenador diferente al tuyo.

- Lleva impresa la presentación, o una versión resumida de la misma, con un tipo de letra fácil de leer y con un tamaño lo suficientemente grande, un rotulador para pizarra vileda, un bolígrafo, una botella de agua y alguna tarjeta de visita (puede que la necesites). En caso de que sea preciso, lleva materiales para los asistentes.

- Lleva tu propio ordenador portátil con la batería cargada y el cable de alimentación correspondiente, y utiliza un mando inalámbrico (presentador) para pasar las diapositivas.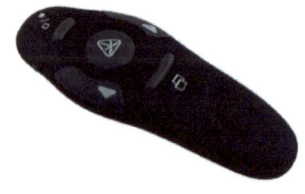

Asegúrate que todo funciona correctamente y no olvides llevar alguna pila de repuesto. La previsión te ahorrará más de un disgusto. Ya sabes: más vale prevenir que…

- Por la misma razón, ni se te ocurra llevarlo todo solo en un pendrive. Puedes enviarte el material de tu presentación al correo o tenerlo en algún servicio de almacenamiento en la nube (Google Drive, Dropbox, OneDrive, Box, etc.).

- Si durante tu presentación tienes pensado utilizar una pizarra o un rotafolio[9], cuando escribas procura no dar la espalda al público (no genera una buena sensación) y escribir solo lo necesario, evitando las frases muy largas. Aprende a escribir de tal forma que el torso de tu cuerpo siga estando orientado a tu audiencia. Como todo, es cuestión de práctica.

---

[9] Un rotafolio es un instrumento usado para la presentación de información en hojas grandes de papel (formato A1). Consiste en un pizarrón blanco montado en un caballete y sobre el cual se fija un bloc de papel sujeto al caballete.

4

IMÁGENES Y TEXTO

Si vas a utilizar imágenes, elige aquellas que reflejen lo que quieres expresar y que respondan a la idea que vas a desarrollar. Asegúrate que tengan una buena resolución y, a ser posible, utilízalas a pantalla completa. No hay nada más desagradable que una imagen pixelada ocupando toda la pantalla.

Y, por supuesto, nunca utilices los clip art[10]. Este recurso fue interesante hace unos veinte años cuando aparecieron las primeras aplicaciones para realizar presentaciones, pero hoy su uso transmite falta de profesionalidad y preparación. Aquí tienes un par ejemplos (término de búsqueda: "internet"):

El hecho de que uses imágenes en tus presentaciones no debe alterar tu foco de atención, que ha de ser siempre el público. Es un enorme error girarse completamente hacia la pantalla y hablar durante minutos desentendiéndose del auditorio. Nunca debes perder

---

[10] En las artes gráficas, el término "clip art" se usa para denominar a una imagen, ya elaborada o predefinida, que se utiliza para ilustrar cualquier medio (página web, documento de texto, blog…).

el contacto visual con los asistentes al acto. Si en algún momento tienes que señalar algo en la pantalla, hazlo sin problemas y con determinación. Gírate hacia la imagen, destaca aquello que te interese, usa el tiempo imprescindible para hacerlo e inmediatamente vuelve a retomar el contacto visual.

Para utilizar adecuadamente las imágenes debes recordar que tú eres el auténtico protagonista del evento, que los asistentes han ido a escuchar lo que tienes que decir.

Si puedes, evita el texto y, en general, el exceso de datos en las diapositivas. Si lo haces, no pongas más de seis o siete palabras, asegúrate que el color del texto contrasta perfectamente con el fondo, y utiliza un tipo de letra y tamaño adecuados para que sea visible desde cualquier punto de la sala. Recuerda: las diapositivas con demasiada información saturan al oyente, lo aburren y hacen que desconecte.

Seguramente te estarás preguntando: ¿cuál es el tipo de letra más adecuado para una presentación? Como todo en la vida, para gustos los colores; no obstante, te recomiendo que utilices letras sin serifa. La serifa es el remate o "gracia" que llevan algunos tipos de letra, como la Times New Roman. En los textos impresos en papel (novelas, diccionarios, manuales…) se usan con más frecuencia las fuentes con serifa porque facilitan la lectura lineal. Sin embargo, en internet y en las presentaciones visuales son más comunes las letras sin remates porque el texto se ve más limpio.

Dos de los tipos de letra que yo utilizo con más frecuencia en mis presentaciones son Century Gothic y Helvética. Pruébalos. A mí me han dado muy buen resultado. Recuerda, para gustos los….

Century Gothic   **Helvética**

5

CUIDA EL DISEÑO

Combina adecuadamente los diferentes elementos gráficos (imágenes, texto, colores, gráficos, tablas, etc.) y, sobre todo, no abuses de los efectos y las transiciones entre diapositivas. Mi consejo es que emplees animaciones únicamente si refuerzan algún concepto que desees destacar. En cuanto a las transiciones, procura no usar más de dos tipos diferentes y no las apliques a todas las diapositivas sin motivo alguno.

Una buena presentación es aquella que apoya (no reemplaza) y complementa lo expresado por el presentador. El público acude al evento a escucharte a ti, no a ver diapositivas. Por tanto, la proyección no debe competir con el ponente por la atención de la audiencia. Si las diapositivas que has elaborado están bien diseñadas (más visuales que textuales), deberían ser incomprensibles sin ti.

Capítulo 6

"Cómo diseñar una presentación visual"

IDEAS IMPORTANTES

___
___
___
___
___
___
___
___
___
___
___
___
___
___

Estimado lector:

Mi más sincero agradecimiento por haber leído mi libro. Deseo de todo corazón que lo hayas disfrutado tanto como yo lo he hecho escribiéndolo y que su lectura te haya servido para que a partir de ahora hables en público con seguridad y confianza.

El autor

Tus comentarios y tus preguntas serán bienvenidos en mi dirección de correo: antoniopascual.rodriguez@gmail.com

Bibliografía

- PIQUERAS, César, *Impacta con tus discursos*, Barcelona, Profit Editorial, 2016.

- GALLO, Carmine, *Hable como en Ted*, Barcelona, Editorial Penguin Random House, 2016.

- ARANDA, J. C., *Cómo hablar en público*, Córdoba, Editorial Berenice, 2015.

- BARÓ, Teresa, *Manual de la comunicación personal de éxito*, Barcelona, Paidós Ibérica, 2015.

- MARÍN PÉREZ, Aída, *Cómo hablar en público*, Madrid, Editorial Libsa, 2015.

- CASTRO MAESTRE, Mª del Mar, *Técnicas para hablar en público*, Oviedo, Editorial Protocolo, 2014.

- ROSA, Agustín, *Hablar bien en público es posible, si sabes cómo*, Barcelona, Editorial Paidós, 2013.

- LÓPEZ BENEDI, J. A., *La comunicación integral*, Barcelona, Editorial Obelisco, 2013.

- BARÓ, Teresa, *La gran guía del lenguaje no verbal*, Barcelona, Paidós Ibérica, 2012.

- GARCÍA GONZÁLEZ, J. M., *Hablar bien en público*, Barcelona, Profit Editorial, 2012.

- COLLART, Gilbert, *El arte de hablar en público*, Bilbao, Editorial Mensajero, 2012.

- ZÚÑIGA, Harold, *Hablar bien en público*, Madrid, Editorial Temas de Hoy, 2012.

- DAVIS, Flora, *La comunicación no verbal*, Madrid, Alianza Editorial, 2010.

- LILLO, Javier, *El cuerpo habla*, Madrid, Editorial Crealite, 2010.

- PEASE, Allan, *El lenguaje del cuerpo*, Barcelona, Editorial Amat, 2010.

- MARTIN, ANTONI, *Cómo superar la timidez y el miedo a hablar en público*, Barcelona, Editorial Amat, 2010.

- FINE, Debra, *Saber conversar*, Madrid, Editorial Temas de Hoy, 2009.

- JAMES, Judi, *El lenguaje corporal*, Barcelona, Editorial Paidós, 2006.

- BALLENATO PRIETO, Guillermo, *Comunicación eficaz*, Ediciones Pirámide S. A., 2006.

- MIGUEL PASCUAL, Roberto, *Fundamentos de la comunicación humana*, Editorial Club Universitario, 2006.

- HERNANDO CUADRADO, Jesús, *La comunicación no verbal y sus implicaciones al hablar en público*, ANPE Sindicato Independiente, 2005.

- ATKINSON, Max, *Claves para hablar en público*, Ediciones Gestión 2000 S. A., 2005.

- PÉREZ AGUSTÍ, Adolfo, *Trucos para hablar bien en público*, Edimat Libros S. A., 2005.

- VALLEJO NÁGERA, Juan Antonio, *Aprender a hablar en público hoy: cómo cautivar y convencer por medio de la palabra*, Editorial Planeta S. A., 2005.

- BRENTANO, Carlo, *Hablar en público*, Editorial De Vecci, S. A. U., 2004.

- POLITO, Reinaldo, *Cómo hablar bien en público*, Editorial EDAF S. A., 2004.

- URCOLA, Juan Luis, *Cómo hablar en público*, Esic Editorial, 2003.

- COUTO RODRÍGUEZ, Manuel, *Cómo hablar bien en público*, Ediciones Gestión 2000 S. A., 2002.

www.ingramcontent.com/pod-product-compliance
Lightning Source LLC
Chambersburg PA
CBHW040455240426
43663CB00033B/18